上海市妇女联合会 编

上海女声

SHANGHAI WOMEN

上海书店出版社
SHANGHAI BOOKSTORE PUBLISHING HOUSE

序

徐枫

有一个广为流传的关于上海女人的故事，是这样的：

一次，香港商界精英林乃仁到上海"新天地"了解社区的历史和文化。在即将动拆迁的上海旧日核心地区的石库门房子里，林乃仁遇到一位社区老太太，便闲聊家常。半个小时后，谈话结束，老太太希望香港客人帮个忙，她想和老房子合影，不过请"等我一下"，说罢就回屋，留下香港人在门外。少顷，当老太太再次出现在林乃仁面前的时候，林乃仁一辈子也不会忘记——老太太已经换了一身明丽的衣服，发髻梳得一丝不乱，唇上还涂了口红。

这就是上海女人。

女人是怎样的角色？一个女人就是一个家庭品味的主导者，一个女人也是儿童教育的引领者。如果一座城市中的女人，都是这样习惯于爱惜美丽、珍视生活，那么人们读懂这些女人，就会读懂这座城市的文化基因。

另一个关于上海女人的故事是这样的。

90后的杨浦区单亲家庭女孩扈晓静，从9岁开始就一直照顾着常年卧病在床的母亲。靠着母亲每月千把块的病退工资，母女二人艰难地维持着日常生活。看不下去的邻居告诉晓静，她其实是母亲"捡来的孩子"，并无血缘，不必承担这样的辛苦，但扈晓静却坚持了下来。为了学会更好地照顾病人，她还学习成为一名护士。没有娱乐、从不逛街、捉襟见肘，但扈晓静不愿谈论"得失"。在她看来，简单的标准并不能衡量一切。"我得到的东西，别人可能根本无法想象。"

外人看来她的生活是灰色的。但在不足 10 平方米的房间里，放着晓静做的模型。是一间用木条做的"温馨小屋"。色调是女孩喜欢的粉红色，里面有欧式茶几，有梳妆台，还有扈晓静最喜欢的钢琴。即便在看似悲惨的境遇里，小女孩依旧天然热爱着生活。当母亲去世后，晓静第一时间就把朋友募集的捐款交还了出去，"因为妈妈也会让我这样做的。"

这就是上海女人。

当褪去种种偏见和误读，真正了解这座城市里的半边天，会发现外人冠之以的精明、算计等窠臼印象，只不过是一种关于上海女人的肤浅印象。当一旦遇到考验和状况，真正的上海女人，是重情、大义、懂道理的。不论原籍来自五湖四海，一旦固定成为上海女人。那么她们内心遵守着一种心照不宣、而又被严格遵守的价值规范，是一致的。

还有第三个关于上海女人的故事。

退休老人鲍美利，从市区搬家到闵行，为了让周围的老人改变"等吃、等睡、等死"的"三等公民"状态，她打开家门，免费教周围邻里老人唱歌、学钢琴。如今，她的"开心小屋"改变了社区里冷漠的人际关系、改变了老人扎堆抱怨的习惯、创造了一种新的社区自治平台。一个个老人愁眉苦脸到她家去，眉目舒展走出来。她成了一个能"点亮奇迹"的"魔法师"。

这就是上海女人。她们能在最不起眼的地方，忽然把生命过成一簇簇怒放的花朵，把日常过成一片风景，叫人驻足停留，感叹生命的美好。和上海女人在一起，她们会让人明白，生活本身是一场盛宴。

在中国的现当代文学里，上海女人是最常被书写的群体。在外界的印象里，上海女人也是最卓尔不群的人群。上海女人，十分精彩，但又很难用一两个词汇来定义。也许，这本身就说明了上海女人的魅力。那么现在，就让上海的作家们来描写上海的女人吧。

2015 年 7 月

徐枫，上海市妇女联合会主席、党组书记，毕业于上海交通大学管理学院，拥有系统工程专业的博士学位。

小　范

王安忆

代序

在我们这一带收废品的女人，姓范，人都称小范。她原先是一家国营厂的工人，国企改革的潮汐中，工厂几度停，几度起。有一度，很奇怪地，是生产火油炉，销给海湾战争中流离失所的伊拉克人民。不知道是谁，又是怎样得到这么一份订单，

它将我们生活的一隅向国际社会开放了，还带有风云际会的意思。当然，结果是同样的，火油炉又滞销了，工厂再一次停工，工人们各自另谋生路。

小范她踩一辆三轮脚踏车，俗话叫黄鱼车，空的来，满的去。从各家各户收来旧报纸、旧书刊、废纸、易拉罐，再送往废品收购站，从中挣一些菲薄的差价。她在这一带人缘很好，人们都将东西留着，专等她来收。她呢，一点机会都不舍得遗漏。所以就两头黑地做，从没什么节假日之说。有一回，家中积攒的报纸废纸多了，她却老不来，便提出去，藏在消防楼梯的门后，觉得相当隐蔽，结果还是被人取走了。小范得知后，竟然一层楼一层楼地询问，自然问不出什么，十分的生气。还有

一次，她又有一阵子没顾上来，最后她的丈夫代她过来收取。她的丈夫，同她一样，也是一家国营厂的工人，此时工厂半开半关，于是，他便有时做，有时停。我对他说：弄堂里也不时有收废品的摇铃经过，但是——这个瘦削的男人敏捷地拦住我的话：那些流动收废品的人秤都不足的！我的下半句其实是"让生人上门总归不方便"，他这样理解我的意思让我挺感动，因为他那么珍惜我的废品。以后，无论废品在家里堆积多久，带来多少不方便，我都一定等小范上门，决不随便处置。

要说他们挺不容易的，两个人都没有稳定的收入，还要供养一个儿子。儿子读的是大专一个美术设计，好歹读出来，却又向哪里找工作？这城市到处是美术设计的大专、中专，职高。但是小范并不给人凄苦的印象，她拦腰系一个腰包，脚蹬跑鞋，头发剪短，压一顶旅游帽，全身武装的样子。一辆黄鱼车踏得风快，如果遇到走路蹒跚或提东西的人，还让他们上车带一段。她把废品码得见棱见角，如是下雨，再蒙上一张塑料雨布，四边掖齐，远远地看，就有点集装箱的风格。有时看她在树底下歇晌，吃一块糕饼或者一根雪糕，和闲人聊着天，可见她并不苦待自己的。后来呢，她又配了一个手机，使大家方便找她。总之，她将这种劳作的生活过得挺有趣。但她又不是混沌的，对将来有着计划，就是，苦一些钱，给儿子讨老婆，那时候，将一室户的房子给小辈，她和男人回乡下，所以就还要攒够养老的钱。不过，事实却比预想的要好上一点点。有一位居民，就是她收废品的人家，应该也称作"客户"吧，给她的儿子找到一份公交车驾驶员的工作。当然，之前，她已经花一笔钱让儿子考到了驾驶执照。在日复一日的劳动中，小范的生活好起来了。

王安忆，1954年3月生于江苏南京，原籍福建省同安县，现任中国作协副主席、上海作协主席，复旦大学教授。1976年起发表作品，曾获第五届茅盾文学奖、第三届鲁迅文学优秀短篇小说奖。2013年获法兰西文学艺术骑士勋章。

目录

智慧感悟

书香门第

海　上　情　怀

街上的女人

陈 村

在上海的街上很容易看见女人。我的意思是说，上海的女性乐于让人看见。为写这篇文章，我站在街头粗略地统计了一下，三人行，必有一女。她们兴高采烈地上街，最大的可能是去商店，尤其可能去服装店或皮鞋店。与天下所有的女子一样，对服装的浏览和采购是她们始终怀有莫大热情的一件事。当然，假如脸上的神情不那么兴奋的话，也可能是去上班。她们必须上班，工作被她们自觉成了生活的一部分。

女儿家是应该生在上海的。上海人比较而言对生育女儿较少偏见。尤其年轻一些的父母，提到"我女儿"和提到"我儿子"同样神采奕奕，断了香火之类的想头总要少一些。至于因为生的是女儿而将她遗弃，则从来没听到过。也许还是有的吧，即便有也极少极少。

上海的女人在家比较肆无忌惮。当女儿的时候，嘴巴尖刻，发发小姐脾气，动辄要拿主意。当婆娘了，去了那一层不好意思，就更加犀利和无忌了。俗话说，国有兵权，家有财权。在上海，一般是女性掌管着家里的财政，常常弄到老公要藏私房钱。然而，她们的地盘也有限，做女人要是做到了婆婆的分上，在上海是很亏的，没有什么风光。她们不光要拿出自己的私蓄贴补儿子的婚事，也要有将来受儿媳（也就是别人家的女儿）闲气的心理准备。所以，无论媳妇还是婆婆，都希望眼不见为净，分居了事。这样果然清静许多。

虽然常常有妇女告到妇联，但这是一个数千万人口的城市，公平地说，上海的男人极少打老婆。他们的不打老婆甚至出了名，成为北方汉子眼里的诟病。于是，女人在家就渐渐有了气势。倒也不是没有可打的罪过，实在上海的男人已经很不习惯用武力解决争端。这和他们的住处的窄小也许有些关系，一有风吹草动的邻居就风闻了，家丑不可外扬，大家就耐些个性子。男人和女人相比，明显的优势就是力气了，既然力气不管用，其下场可想而知。当然偏要打老婆的也有几个，多半是一拳一掌的事情，只用出三分的力气，绝对不作兴拳打脚踢的。打了之后并不能外出夸耀，众人会觉得此君不文明。另外，此地的妇联比较有战斗力，为捍卫姐妹们的利益是肯尽心竭力的。

在现代的大城市，一个人的社会地位是由他的智力决定的。上海的女人一般并不佩服体格的壮硕，在电影电视上看看是可以的，生活里就免了。在上海行动的人群中最强壮的是民工，但民工的社会地位最低。上海的女性很实际，不到山穷水尽极少有谁去和民工结缘。

上海是个移民城市。杂交优势在这里特别明显。她们皮肤白净，面目姣好，腿也不罗圈，个子中等，没有庞大和矮小的压抑。较少痴肥。她们会做饭，会打扮，天生皮肤白净一些。上海的女人通常没有很高的乳房，但她们善于掩饰。上海人什么都见过。这个城市有很大的磁力，所以很少有私奔的事情。小康是这个城市市民的普遍的理想。她们知道生活难免很辛苦，得到的每一分都那么的不容易。典型的上海女性常常没有很特别的梦想。她们在当姑娘的时候往往像已结了一次婚，比较实际，知足常乐。她们对艺术有一点喜欢，有时是邓丽君，有时是《天鹅湖》。年轻时代也接触流行音乐。等到大了，结婚生孩子了，几乎没了动脑筋的空闲，只好去看一点电视连续剧了。

上海人对母亲天然地十分尊敬。

上海的女人如果走在街上，你不知她是从洋房里出来还是从棚户出来。洋房里出来的也许会弹一首《致爱丽丝》，也许开口也说"铜钿铜钿"。看女性的教养看她坐的样子，看其享没享到福看她的手。手比脸更不容易保养。

上海的女人特别重视家庭。她们要自己的家庭有一个好的状态，爱不够地爱着孩子。她们重视他人的印象和批评。上海的女人极少有邋遢的，她们宁可委屈肚子也不愿委屈了服装。在没打扮好之前，宁可迟到也不会出门的。穿衣是她们最重要的永远不毕业的宗教般的一门功课。她们经常可以花不多的钱穿得十分得体。总体说，她们不是衣着的先锋派，注重整体的感觉。但她们中总有个别的人愿意鹤立鸡群。

上海女人的身边总有一些钱。富人大钱，穷人小钱。她们很少把钱花个精光。她们知道明天还要过日子。在上海，有许多不让男人为自己乱花钱的女人。当然，那是自家的男人。

以上是非常表面的叙述，是我们站在街头瞭望女性时的背景材料。以下是香港回归那年的一则记录。

1997年10月12日下午，我站在上海的淮海中路，它一天要清扫十四遍，商号林立，号称高雅。我为写文章而打量着过往的女性们。这天是第八届全运会开幕的日子，电线杆上飘着被市民戏称为蚊香的会徽图案。我穿的是一条布质长裤，布质衬衫，挎一个农民常用的人造革包。

那天的气温偏高，仿佛夏日。但走到楼阴处还是显出秋日的轻寒。在这样的季节，人就乱穿衣了。很少有同样装束的女性，拎包各异，发型多样。学生模样的年轻人，上着T恤，下穿牛仔，多用双肩包，挂在身后，比较精神。这双肩包和背带裙代表年轻，稍稍年长几岁的，就不敢擅用了。个别要显得与众不同者，将带子拖得老长，走一路晃一路的，小小的落拓或嬉皮。她们一般没有首饰，或仅限于在胸前挂个好玩但不值钱的东西，木头的，石头的。或是手腕上的木石镯子。

在街头最多的是青春期后的女士。她们要么挽着男士的臂膀，要么挽着女伴的手。在上海，两个女性挽手而行，没有别的意思。她们多少化了些妆，服饰比较得体，花样最多。从裙到裤，从T恤到衬衫西装，没有不能穿的。无跟的凉鞋。常常有人在外面罩个精悍的背心，式样也不雷同。没看到旗袍，也没看到露出的肚脐。较多的女性剃一个男头，发根短短，含蓄地张扬着。她们的服饰的质地相差悬殊，明眼人一看就估出价来。发型也是，贵的三四百元，糊涂的人难辨上下，但自己的感觉就很不同了。叫人高兴的是，骑自行车的女性总算不用遮挡太阳光的纱巾了。有一阵很风行的，披在肩上臂上招摇过市，不伦不类得紧。

老年妇女多穿两用衫，甚至有穿薄毛衣的。她们的步态重了，人却精神，宠辱不惊的样子。儿童花枝招展的，兴致最高，身上总有一两个卡通动物。在上海打工的妇女，不知为什么，一眼就让人看出不是这个城市的居民。倒不是为了钱，她们的金戒指也许比居民们还大些。说起首饰，一眼看去，真是比以往少多了，也小多了，尤其那种黄澄澄的东西不再招摇。人们终于将美放到第一了。

上海是个大码头，什么样的人都有，什么样的女人都有，粗粗一瞥就令人一言难尽。那天给我最深的印象是：不想和别人一样，不分贵贱的美，倾向简洁，崇尚削瘦。另一个印象是，除了我这种别有用心的人，基本上没人特意注意他人。人来人往，行云流水，汇成都市的风景。看似不起眼的打扮，费去了她们的良苦用心。这也许很笨拙，但聚集了千万人的用心，装点了这个城市，也装点了我们的眼睛和心地。

陈村，上海市作家协会副主席，上海市网络作家协会会长。著有长篇小说《鲜花和》，《陈村文集》(4卷)，小说集《走通大渡河》等。

上海水晶鞋

金宇澄

小家碧玉的简，一直自认为清雅脱俗——无论姿色，品味，时尚观，与这座城市一直是相配的。

简同时也否认了这个年龄层大量女子一样，有相对薄弱的自信期限。

尤其是购物、阅人，简极少会走眼，男朋友宝隆，也是一位有悟性才华之人，背得出几百只名牌，也只有宝隆可以看清爽，简是不是一般意义的出门，咖啡色手袋值几万几千港元，手表是水货江思丹顿……宝隆这方面的直率，简认为是一种默契品格，

包括同事，包括简其他男女朋友，基本缺少这等眼力和细致。女人的手袋不管高低，最好是真货，比较外在，是女人难以遮盖的器官之一，当然也因人而异了，有人是要围巾、大缕、皮夹、眼镜、底裤必须名牌……这类物质的名目，假使乱了程序，有了瑕疵，简会难耐寂寞，拍遍栏杆，早起眼皮浮肿。

对于宝隆来讲，简的辨别力实在敏锐了得。假如宝隆算一种死记硬背"技术派"，简就是彻头彻尾新直觉派。眼神明亮，嗅觉极其出色，通常只凭借整体感觉，就可以快速判定一桩事物，比如打量一陌生人，稍事一瞥，对方气质装束，举手投足，就晓得了大概。

有年秋天，宝隆领了一个浑身名牌的妇人喝咖啡，自道是从美国回沪度假，准备做德国牌子大陆总代理，只吃素菜、日本料理，但是话题逐渐忘记了德国，离不开日本男人了。事后简就对宝隆讲：啥美国人，德国人，哼哼，是美国人托管的塞班岛这种小地方来的？现阶段这一批女人，全部是做东洋男人生意的"煤饼"了。宝隆唯唯。简难免埋怨宝隆几句，交朋友缺少档次，已经到了堕落地步了。宝隆解释，因为我老邻居，过去住一条弄堂，结果拆了3年，就缺少了解了，仅此而已。

简不会再多啰嗦，宝隆和大多数人都晓得，塞班做生意是啥意思，就是日本普通游客到塞班最多了，日本中年工薪男人，普遍自卑，面对漂亮洋气年轻姑娘有障碍，比较吓，只喜欢大龄普通型的母性妇女，身材不重要，所谓"邻家妇人"。因此塞班这种地方，大龄亚洲女人比较多，生意太好。

某一次饭局，有一个男人豪爽健谈，不像文人，不像做生意，不做官，但可以晓得，可以讲地皮，股票，汽车牌照，懂法律，懂官司，全部有联系，有把握，面相是侠肝义胆，小市民八卦，万宝全书也可以讲，上天入地，好像这社会再大的麻烦困难，样样可以解决，表面亲切，骨子里傲慢。简靠近宝隆讲，这个男人，肯定是警察——事实结果也确实。

多少个光阴过去了，简这种世故、冰雪聪明的眼力，牢固保留于宝隆心头，让宝隆经常有醍醐灌顶的感觉。

事实真就是这副样子，多少陌生面孔，陌生的未婚、已婚男人，对简产生微妙感觉的磁场，地铁车厢，商务楼走廊，饭店包房，简早就养成观察陌生人底细的老习惯。

相处了数年，简和宝隆已心知肚明，晓得双方最终不会有婚姻，有结果了。但确实也秉赋相投。后来一个阶段，简就为宝隆介绍了几位背景优渥女友，宝隆也带了一点外籍客户跟简吃饭派对。这座城市要引为同道，结婚证是最大的障碍之一。宝隆的原话。

　　有一趟，简和宝隆到一间俱乐部去坐，同来两位台湾客人比较随俗，简过不多久就感到气闷了，躲到化妆室里抽了一支烟，等回到走廊，外面落了大雨。大堂两个司阍小姐跟一个男人的对白，引起简注意，一时还看不透独身男子来路，听到此地消费标准的样子，也尴尬陌生。简免不了详细看几眼。男子客套了几句，不叫包房，坐到大堂沙发里，像是等人，也像避雨。两个司阍小姐眼神沉默，简读到多少的冷淡！可以理解，立了四个钟头的细高跟，脚踝脚背一阵阵发痛，哪里还有心情和这种穷男人多费口舌（上海老男人讲，就是"多费樱桃"）。这个男人闷声不响，看看表，米色茄克皱巴巴的，皮鞋完全湿了。

　　简静下心来，定睛细细看过去，发觉男人上装茄克是 AIGNER，鞋子不起眼，看明了是意大利费雷东，也就有一点为男人的境遇不平，但简也要离开了。

　　戏剧性结尾是，等到简陪同宝隆的台湾朋友出门，大堂这位男人也立起来——这位迟到男人名叫方哥，某港资机构沪办老总，是这批台湾男人的重要客户。身份证实的短暂时机，灯光马上就像是亮了四千多瓦，有熟人陪衬，简眼中方哥的这一件上装，也就更是养眼和顺，完全是旗舰橱窗的衣架了。

　　以后，也就是简跟方哥四十六天蜜月期了，直到方哥接电话回港结束。离沪之前，方太由香港来过上海一趟，宝隆讲，简这方面要差一点，虽然早早检查了两遍，卧房、浴室，上上下下，消除自家所有痕迹，据简回忆，方太还是感觉到了异常——方哥从不请女佣，但壁橱里有一块熨衣板，衣橱里看不到一件皱巴巴的外套。简的认真习惯，让方哥露出了破绽。

　　方哥曾经跟简开玩笑讲一个故事——有一个日本爸爸出差半个月，回来的当天，爸爸的孩子小野照例要求出去放风筝。这一天，横滨风大，风筝上上下下摇摆不停，头重脚轻，翻跟斗，小野收回风筝，忽然也就解开了爸爸的领带，缚到风筝下做尾巴。爸爸静静坐到草地上，看这只结了领带尾巴的风筝，扶摇直上，升到蓝天上面，悬挂停当，爸爸的心就沉落下来了——爸爸晓得，出差这个阶段，老婆有了外遇。

　　按方哥的脾气，这个故事一定对许多女人讲过，包括方太，但对当时的简来讲，已经毫无任何现实意义了，虽然许多天后，简半夜醒过来，还会感觉到方哥轻微的鼾声，实际只是南京西路通宵公车引擎依稀的震动了。再以后，根本是啥也听不到了。简心里明白，人跟香水是一样的，即便收进水晶樽的保加利亚玫瑰精，最终也是要挥发殆尽了，人一直是想满足于现在的，就像蜡黄的江水经过黄浦江这样，不会有一刻停留。

　　简第一次想到嫁人，是这一天黎明时分想定了的，坐起来，对了镜子褪去方哥买来的软缎英式睡裙，踏到地板上去，看看自家两只赤脚，光滑的肩膀，一道晨曦，正好是从城市屋脊上显现出来。

　　——对方必须是单身，有相当实力（这不会走眼），"上进心"，其他可以不论。宝隆晓得，简讲的这种内容，其实就是一般有理想女人的经典三段求偶句。但宝隆不多啰嗦了，只是讲明白，目前有一个欧洲男人，要寻一"上海女孩"结婚。欧洲男人，第一次来上海，是因为几年前看了一部翻译小说的影响，从此相信世界上最雅致女人，就是上海女人，因此要寻一个上海姑娘做妻子。其他背景不明朗。

　　花园，鸟叫，玻璃咖啡桌，水杯，暗蓝塑袋，简装土耳其烟丝，波兰卷烟纸，一只骨节粗大的毛手，拿过一撮烟丝，熟练卷拢……手腕不戴表，黑毛浓密暴露于粗蓝布料的袖口之外。花香中现出一股呛人难闻的烟雾，简看看这些黑颜色的硬毛，绵延到手背和手指上，黑熊一样坚硬的鬃毛……

　　简明确告诉宝隆，对这位卷烟男人，根本毫无兴趣，攀谈几句，也就告辞了。

意思就是，根本不可能喜欢只穿了一件蓝布工作服的外国陌生男人的，无法容忍坚硬的熊毛，简不是一头雌熊。

本来也就算是一桩笑谈，花园茶会就这样结束，但是宝隆房间的钟点工小凤晓得以后，多出一点点涟漪来。

小凤十九岁，小眼睛，圆鼻头，因为年轻，还算唇红齿白，一向是穿简的旧衣裳，有的还算合身，有的显得绷，整整齐齐，也拖拖拉拉，聪明伶俐，狡猾愚钝，等宝隆跟朋友挂了电话，软声请求宝隆，要来这个外国雄熊的地址姓名。小凤要去一趟酒店，以前养过几年羊，全部是黑颜色长毛的山羊，因此小凤无所谓黑熊的黑鬃毛。

一个月后，一个春风浩荡，冬眠苏醒的时刻，小凤嫁给了黑熊。

从此，简就将黑熊归类为欧洲乡下人——只有乡下人是这种态度，捉到篮里就是菜，分不出上海跟外地的位置。

宝隆笑笑讲，上海有啥呢，人，男人跟女人，只要到了上海，就是上海人呀。

几年光阴，是南京西路耀眼车流一样滑过去了，光华夺目，也看不到可以捏紧不动的贵重记录，结婚的念头与时俱进，生活却样样朦胧，跟常人一式一样，看明白永远是目前的风景，不断换改的日程表，聚散分合，朝九晚五，日寝夜出，南京西路传送了多少滑过去的新面孔、似曾相识饭局、咖啡气息、衣裙与手袋的过时展览。简一直笃定如泰山，拈花作一笑，保持镜子里好相貌，好神采。只是有一日，做脸的小芳轻声对简讲，眼角旁边的角质层增厚了。简一声不响。

三年后一个刻骨铭心的下午，宝隆告诉简，小凤回来了，住静安五星酒店，这夜要请宝隆吃饭。

这消息对宝隆、对简逐渐形成不小的打击。

去看看。宝隆讲。

去酒店的路上，简刚刚得知这头花园黑熊，北欧望族，名字下面有四座森林，六架直升机，游满了虹鳟鱼的高山水库两座。

音乐声音忽然钻过简的内心，慢慢流淌起来，迎对冷风，简回顾蹉跎的南京西路，偶然发现波特曼的顶楼，冒一只黑毛茂盛的粗手，噢，是机房排出一股柴油烟雾……

小凤的房间，电话无人接。

总台先生说，客人刚刚起来，是去本楼美容部梳妆，昨天也这样。

走过走廊的厚地毯，简忽然闻到了最为膜拜的保加利亚玫瑰的氤氲气息，一丝丝沁人心扉，银粉色的房内无任何声音，只是色香之感。

两人看到，小凤由四个小妹簇拥服侍，云床斜倚，蛾眉懒扫，十指娇嫩如春笋。小凤的鼻头还是圆圆的，不过是东方命妇的牡丹盈润，樱唇微启，饱含人间珍露，肤似凝脂，燕瘦环肥，颈项如象牙，珠围翠绕。

正是佳人梦醒时分，花藏叶底，月隐云中。简眼里的小凤，恍如深陷绮罗锦缎的一个芭比，一个历经考核，万选千挑的豌豆公主。

金宇澄，生于上海，《上海文学》常务副主编。代表作：中短篇小说集《迷夜》、随笔集《洗牌年代》、长篇小说《繁花》等。

彼得堡的上海厨房

张抗抗

二十世纪九十年代初去俄罗斯，曾在彼得堡住了一星期。

时过多年，辉煌绚丽的冬宫、夏宫、普希金皇家艺术村、宏伟的教堂群落、灰蓝色的波罗的海海湾……似已渐渐淡忘。记忆中依旧鲜活、依旧生动如初的，却是城中那幢普通俄式大楼里的一间上海厨房。

那年苏联刚解体不久，独联体食品极度匮乏。每一家副食店门前几乎都排着购物的长队，无非是面包奶酪香肠和土豆。俄国公民对于排队有着无比的耐心，往往好容易轮到自己，食物却已售完，他们失望地默默走开，找到另一家商店，再接着排队。队伍静悄悄地缓缓移动，秩序井然，绝无人"夹塞"，也无人争吵抱怨。湿寒与萧瑟的冷风中，传来悠久的东正教文化传统的尊严。空瘪的筐篮里，装的是购物人的文明与礼貌。

但我们不可能去排队。作为短期访客，我们没有时间排队。

我们沉重的步履匆匆穿过雨雪交加的莫斯科红场，在克里姆林宫的墙下久久徘徊，走过曾在书本中熟悉的阿尔巴特街，然后远远地眺望着莫斯科河两岸金色的树叶……才是九月中旬，莫斯科已改换了一副初冬的严峻面孔。

肚子又咕咕地叫了起来。一行人面面相觑，不知道该到哪里去寻找合适的餐馆。餐馆本来极少，排队等候，自己端盘，食物套餐基本只有一种，饭菜质量仅相当于国内的单位食堂。如果过了开饭时间，空荡荡的大街上，就连这样的餐馆也都关门了。曾有一位俄国作家在家里请我们晚餐，一道生拌胡萝卜丝沙拉、一道煮土豆、一道煎小泥肠再加黑面包与果酱、果汁，就是全部了。在莫斯科的几日中，我们仅在红场附近那家最大的"吉姆"（即商场）内的快餐店，狠心掏出美金，饱餐过一顿美式肯德基，余味绕喉终日不去。街上的美元商店倒是很多，还有豪华的高级宾馆，但价格令人咋舌。我们住的酒店，则根本没有餐厅。

于是，当我们坐了一夜火车，在清晨到达彼得堡，被安排住进了上海一家国际贸易集团驻彼得堡的办事处时，放下行李便迫不及待地冲进了餐厅，在宽敞明亮的餐桌旁坐下，端起一碗热气腾腾的面片汤，瞥见桌上还有一碟碟琳琅满目的各式小菜，内心万分欣喜；饱餐之后，从窗口望出去的彼得堡街景，无比典雅端庄美丽光明。

那家来自上海的贸易集团，占据了大楼的整整一层。除去办公室、业务洽谈室和工作人员宿舍，还有二十间设施齐全的客房，专供国内来办公务的人住宿。整个楼层雇有几位俄国姑娘负责清扫打杂。我们一日三餐外加房费，共二十五美金，正符合我们"公派"的费用标准。客房全都住满了国内来的人，看来这家"招待所"很受欢迎。

那天的晚餐，更是让我们大大地吃了一惊。

八人一桌的中式套餐：白切鸡冷盆、卤猪心、油炸带鱼、凉拌芹菜、炒猪肝、土豆烧牛肉、蘑菇炖红烧肉、素炒卷心菜；米饭、白菜排骨汤。

啤酒盛在一只大罐里，打开龙头，管够，味道绝对纯正。大家风卷残云狼吞虎咽，吃相不雅彼此彼此。才一个星期，就已饿得透心透肝，中国人真是民以食为天。看看人家俄罗斯人，土豆面包度日，却在地铁车厢里捧着一本厚书读得津津有味，不由心生惭愧。

暖暖地美美地睡了一觉，第二天一早走进餐厅，餐桌越发地神奇了：油炸榛子、煎小咸鱼、荷包蛋、酱菜、稀饭、面包片、黄油、果酱。

真以为自己做梦回到了国内，不，简直就是到了上海。可那饱满结实的大榛子，明明是俄国当地才有，还有黄油果酱，也是地道的俄国味道。

做饭的师傅亲自来餐厅上菜，用上海普通话问你好不好吃？看那师傅不过三十出头，端端壮壮的一个小伙，几个小餐厅同时开上几桌，只他一个人忙里忙外。

以后的几日，早餐晚餐天天不重样，那菜式大多是沪浙风味，很是合我这个南方人的口味。

可这分明不是在上海，而是在样样食物都得排队的俄罗斯呵。

就算上海厨师手艺高超，能在彼得堡做上海菜，然而，巧妇难为无米之炊，做上海菜中国菜，必须要有中国食物的原材料的！

终于忍不住去了厨房察看。锅碗瓢盆干净锃亮各就各位，荤菜素菜冷盘热菜，种种菜码摆放得整整齐齐井然有序，一眼看出，那是一个规规矩矩地地道道的上海厨房。那位师傅正埋头收拾着新鲜的猪腰子和猪脚爪（彼得堡哪里来的猪下水呢？）。厨房里未见一个上海女人，却似乎处处留有聪慧能干的上海女人的身影。

我试用生硬的上海话与他交谈，他很高兴，互相便亲近起来。他告诉我，说他是公派来俄罗斯的，签了三年合同，一个月二百五十美金薪水，工作虽然辛苦，值！攒上三年，就是蛮大一笔钱。所以做生活要对得起高工资，不好出来混日脚的……

我们每天吃的那些东西，都是从哪里来的呢？我充满疑惑地问。难道是从中国运来的？难道，难道是你自己（养殖种植或是你会变魔术么）？

——他摇头。他说，到自由市场去寻啊。公家商店东西少，要排队，但是自由市场里样样都有，就是要自家一样样去寻转来。他又说。中国人欢喜吃的东西，好比猪蹄猪肝猪腰猪心……俄国人是不吃的，市场上蛮便宜，眼睛要亮，脚骨再勤快点，到处去兜，碰到算数。只要有了"物件"（食物），烧烧好蛮便当。自家再腌点咸菜，用麻油味精一拌，味道"狭气"好。从国内来办事的人，工作辛苦，吃得好顶顶要紧，这个餐厅嘛，不赚中国人的钞票，只要不赔就好了。

那你每天去买菜，要说俄语呀？骑自行车去？否则那么多东西怎么背回来？

他无奈地笑笑，摇了摇头：哪里有时间学俄语呢？一天从早忙到晚。不过我心算好，手里还有一只小计算机，不会说俄语，也一样讨价还价。彼得堡城里不准骑自行车的，我天天坐地铁去买菜，从一家市场跑到另一家市场，再重再多的东西，也用手拎回来，反正年纪轻，有力气……

他忙着拾掇手里的菜，顾不上我了。只记得他姓赵。后来在他宿舍的桌子上，见过一只小小的镜框，镶着他夫人和儿子的家庭合影照片。还知道那家国际贸易集团驻俄办事处主任姓陶，"文革"中毕业于哈军工，贸易集团的生意做得红红火火。

由于那家上海厨房的"救援"，我们一行在彼得堡度过了美好的一周，也因此对上海人肃然起敬。如若外省人都能像上海人一样勤劳认真、具备精明细致的自我管理能力，即便在独联体当年简陋的生活条件下，也一样能把日子过得有滋有味。

彼得堡和上海厨房，本是混头混脑不搭界的事情。但上海人走到世界的任何地方，总是会把自己的那个上海厨房，一同搬了过去的。谁说厨房只是女人的地盘呢？即使在女人缺席的地方，只要有了上海男人，隐身的上海女人，就会在厨房里如影随形。

张抗抗，国家一级作家，第七、八届中国作家协会副主席，第十、十一、十二届全国政协委员。2009 年被聘为国务院参事。2011 年起担任中国文字著作权保护协会副会长。代表作为长篇小说《隐形伴侣》、《赤彤丹朱》、《情爱画廊》、《作女》、《张抗抗自选集》5 卷等。

摇到外婆桥

秦文君

外白渡桥是我人生中见到的第一座桥，除了它，我没有用情更深的桥了，在我眼里它既是幸运的，也是怀有哀伤的。

我是闻着苏州河与黄浦江的气息长大的，刚出生那会，父母住在东大名路 325 号，紧靠着外白渡桥，从满月后的第一天起我就被大人抱着出来认识这座桥。从部队转业不久的母亲在第一机械工业部上海办事处工作，办事处的总部在中山东一路的太古大楼，而母亲所在的联合采购部在圆明园路上，单位的头儿答应在一间空的办公室里安一张小床，母亲可以把我带着来上班，雇一个帮手照料我，她抽空时过来哺乳。

我生命的第一年，每天清早母亲抱着襁褓中的我走过必经的外白渡桥，她雇来的小阿姨蹦蹦跳跳地跟在后面，手里提着婴儿用品。小阿姨是个眼神清亮，有些孩子气，像小麻雀那样天性欢乐的农村女孩，她一路走一路逗引着我，婴孩是满心盛着快乐的，她一逗我就笑，年轻的母亲也跟着笑，我们笑声咯咯地来来往往，无忧无虑。

弟弟出生后东大名路的房子住不开了，全家搬到南昌路一机部的宿舍住，那里的房子好，家具也是公家配备的，缺点就是离外白渡桥远了点。不过我珍藏着自己戴花边帽骑玩具自行车在外白渡桥上玩耍的照片，它是温暖的外婆桥。

念小学时，处在最爱幻想的年龄，大人带我乘车路过外白渡桥时，我会感觉自己是这一带的老土地，喜欢伸长脖子嗅着四周烂熟于心的气息，每一次都东想西想地幻想半天。还有一次母亲带我去外白渡桥桥下的小西餐店吃西餐，我自豪地在桥板上踩动着，在桥上还找到稀奇古怪的东西：一颗生锈的小铆钉和一只玻璃弹子，玻璃弹子上面刻着印痕，我把它们拿在手里看了很久，猜测着这是神秘而幸运的暗号。

进中学后懵懵懂懂地知道忧伤了，有一次心里冒出"我来自何方"的念头，寻根的愿望和自我意识渐渐强起来，曾悄悄地从外白渡桥走到东大名路，远远地看老房子还在吗，却没有勇气走进无比亲切的房子，似乎看一眼就安心了，找到属于自己独特的根基了。

1971年我初中毕业，知识青年都要下乡，我不想扛着锄头去种地，心里的浪漫情怀不灭，于是报名去拥有大片原始森林的黑龙江林场。可是政审竟没有通过，说是我的舅父解放前做过某银行的高级襄理，所谓有历史问题的舅父成了我的污点，招工者认为根正苗红的孩子才配去保卫北疆。中学老师知道舅父是优秀的人，更何况我当时连舅父的面都没见过，她打听到林场来招工的人住在浦江饭店，便连夜带我去浦江饭店说清缘由。

浦江饭店挨着外白渡桥，彷徨中的17岁的我在黑夜里细眺外白渡桥，听着黄浦江上轮渡汽笛尖锐的鸣喊，外滩上高亢的钟声，我感觉到横跨苏州河的外白渡桥的低沉，它的老迈沧桑和淡定令伤感的我产生深深的信赖。看见它的那一刹那间，我就安心了，少年轻狂时虽不懂它过眼的历史烟云，也忐忑着此次前去是否能如愿，更不知命运将会带领我去何处漂泊，可是这座桥让我不再孤独胆怯，它好比知心长者，让我感觉到有一颗沉静厚道的心在陪伴我。

冥冥之中，我在生命最低潮的时期再次相逢我的外婆桥，续上了它与我千丝万缕的恩情。

终于获准去林场，离开上海前我没去任何地方，只去了外白渡桥，默默和它告别。对它有难言的依恋和不舍，觉得它代表我美丽的故乡上海，是我精神生命成长的见证，也是我怀乡的所在。

之后的几年，我在黑龙江历经艰辛，做粗重的力气活，住女生帐篷，一个帐篷住三十来人，每人的铺位不到 60 公分，一翻身就滚到别人的铺上去了，在艰难孤寂的每一天，我都盼着冬天，到了最冷的年关，就能放探亲假。每次探亲回沪我都会去外滩，到外白渡桥上走一走，外白渡桥就像一个寄托。我会长久地坐在看得见外白渡桥的地方，看着车来人往，感觉每个人在这里都有自己的位置，只有自己没有位置了，成了最心痛的客人。

1979 年从黑龙江返城后，我的不少活动都在外白渡桥附近进行，我更深地懂得我的外婆桥陈旧的哀伤，它曾见证了这座城市屈辱和凌乱的过去，还有，从大桥落成纪念铜牌上的英文看，桥名它应为"公园桥"，可自从 1906 年木桥拆除新建钢桥，外白渡桥的称呼，阴错阳差地给了这巍峨高大的钢桥，桥名被呼唤了百年，而它真正的名称"公园桥"却被人遗忘了。

它新的哀伤也许是被城市太多年轻的、赏心悦目的建筑所包围，不少与它匹配的具有上海风情的老建筑已经飞快地消失了。如果把绘制城市的蓝图比喻成作家的写作，我们可以快快地为出品而写，也可以慢慢地精心地不失尊严地写，一个体面的城市，它的苍老记忆是不该被割断的。

用现在的眼光看，外白渡桥的钢材并不上乘，建造过程中采用的铆接技术也早被淘汰。如今也再不会有"暮霭挟着薄雾笼罩了外白渡桥的高耸的钢架，电车驶过时，这钢架下横空架挂的电车线时时爆发出几朵碧绿的火花……"的属于老早的风情，但外白渡桥和经典老建筑的存在留住上海沉甸甸的记忆，传承着一代一代人的精神和情感。

秦文君，上海市作家协会副主席，儿童文学作家，著有《男生贾里全传》《小香咕系列》和《会跳舞的向日葵》等。

梦的女人，上海的女人

程小莹

我看见一个上海女人坐在自家的客厅里剥毛豆，是一点点地将毛豆壳收拢整齐，叠成堡垒状；老派的上海女人欢喜吃榨菜丝，不买小包装，到小菜场摊头，从榨菜瓮里用筷子夹出一块，大小适中，回家冲洗干净，去了很辣的味道，换作清新的口味，切丝，极细的一根根；翠绿的灯笼辣椒，小心翼翼地扳开，掏出里面的籽，颇有耐心，用张爱玲的话说，"仿佛是给心爱的人儿挖耳朵"。

上海女人总是成为时尚话题。我看到那些让女人在交欢的时候也感受到一种情调的，是她们家居和卧室里的摆设。有个画家购置了一套别墅。向来对城市物质生活不太买账的画家，也被夫人的优雅的物质主义精神所感动而征服，认为夫人证明了她远比人们以前估计的更能胜任自己的角色。那是上海女人——我认识的那个从前照片上在男人身边傻笑的女孩，已经变成了一个上海知性女子。

我跟上海女人熟，是感觉到女人从生涩到成熟不经意，自然而然；男人用画或文字，表达城市生活，大同小异。上海女人表述城市生活，是在居所里，一面孔的特质——墙面很新，反衬出红木家具的古朴；陶瓷和古董恰到好处地摆在一些显要的位置；冲浪大浴缸很现代，但也是克制着现代化的气派，用一些青花瓷碗当皂盒点缀，收敛了许多。

这个浴室连着主卧室，所以，我就顺着进了卧室。

上海女人指点着墙上的肖像油画。很美的女人，在卧室里熠熠生辉，也挥发出男主人的才艺；古老的红木大床，像创世纪的生命之源。女人说着，我不断点头；女人让我看出了许多典雅和高贵，并通过家居的细部来表达。这时候，她的语言恰到好处地表现着这种优雅。她糯软的沪语，我感觉到了。后来她说装修的用料和工价，家具的价格。那些乏味的金钱数字的确可以冲散我的杂念。女人笑了，一边摆着优雅的姿势；是这家的女主人。她同时顺手把床单扯平、把移位的花瓶相架之类复位。这一切做得自然得体，更吸引我的注意力。

上海女人的生活从细部体会优雅与精致，和城市生活的底蕴，类似一点点地将毛豆壳收拢整齐并叠成堡垒状，是一种很微妙的潜在素质。

上海女人生活习性的种种细节，初始，基本会集中体现在干净和整洁上。这并不刻意表现在外在的衣服领子袖口之类，而是让许多日常生活的细节趋于自然与艺术。比如，上海女人在揭开饭锅盖子的时候，习惯将盖子的内面朝上放在桌上，以免桌上的龌龊弄脏盖子的里面，进而弄脏食物。这个动作几乎扩展到所有的盖子——杯盖，瓶盖，盒盖。

床罩的使用已经普及，但就是在二十年、三十年前，上海女人还要每天叠被子的时候，一种叫"床沿"的布制品是上海人家必备——在床边沿经常要坐人的地方铺上的布；而被子上，在盖到人的头部的地方，俗称"被横头"，也会加缝一块"被横头"。这种长条头的布制品经常拆洗，是上海人家晾出来的一块块薄底，阳光下迎风招展的，却是清洁简朴持家的风尚。

时尚潮流里的上海女人，还经常开导着我的生活体验。有一次，我到一个类似大排档的小饭铺里午餐，看见有个穿着很职业的女人，端坐着，她胸口甚至还挂着工作胸牌，只是将牌子翻进了上衣胸袋里；她在等菜的时候看报纸，晓得对过坐着我，报纸正好就遮着脸，免得让我一个男人横看竖看，想入非非；报纸的上半部分翻下来，我看到的字都是倒转过来的，不过我还是看清爽，这是张英文报纸；饭菜上来后，在动筷前，她先将筷子到有汤水的菜碗里蘸一蘸。这一系列细微的动作，让我想起过去许多平常的日子，上海人的日常生活。

那个上海女人令我过目不忘。儿时，我曾经就这个细节问过我祖父，他告诉我，在吃饭前，第一筷是要夹饭的，但因为筷子的干燥，容易粘着米粒，等筷子将第一口饭送到嘴里后，筷子头上会留有一些饭粒，被带到菜碗里，是很不好的。所以在动筷前，先用汤水润湿筷子，就不会粘饭了。

上海女人的韵致，在许多细微的地方，有独特优雅之处，我很舍不得忽略。

我在办公室里接待一个女人，这时电话铃响了，而电话机又恰巧不在你伸手可及的地方，这时，她会特别自然地起身，将电话机向你这边推一下；整个过程和动作很协调，特别自然舒坦，一点不会夸张和做作，不露痕迹；离开的时候，她起身，顺手将座椅放回桌前，保持一种合理的布局，看着舒坦；出门的时候，假如正好一个字纸篓有些碍事地从角落里移了出来，她把它挪回到合适的地方。这样的细节也许比语言更难模仿。

这就是上海女人。上海人先天的教养，在长期蜗居的生活里，滋生和发育。许多年以后，我总要在春天里回味"腌笃鲜"的味道，感受着食欲与情欲，是一个城市的生态。我从中感受到上海的气息，和上海女人的气息，并回忆起许多年前某个春天的夜晚，我在一个上海女人身边，看她熨衣服，那熨斗往格子呢大衣上熨烫的时候，漂浮出白汽，雾一般升腾，散发出好闻的上海女人气息。梦境一般。

程小莹，上海市作家协会专业作家创联室主任，著有长篇小说《女红》、《温情细节》、《城市英雄》、《男欢女爱》，散文集《声色上海》、《时尚是只茶叶蛋》，长篇报告文学《带球突破》等，中短篇小说《青春留言》、《姑娘们，走在杨树浦路上》等。

太平求

龚 静

1937年，从嘉定乡村的一个水桥头，一条船，一家老小，摇起橹，顺着家门前的小河，摇向朱家角。日本兵来了。怀着孕的桂芬跟着做竹器生意的公婆坐船去朱家角避难。

从棕坊桥到朱家角，摇了两天的船。带了冷饭酱菜，烧锅热水泡一泡，逃难要紧。

到了朱家角，岸上一样日本兵，一条条船要盘查，公公外出做生意见过世面，让桂芬脸上抹了锅灰，大家蜷缩在船舱里，熬辰光，公公和丈夫在船头应答。也算幸运，终于躲过一劫。只是，这难是没办法逃了，哪里都一样，躲不过，船再摇回来，回来后桂芬生了一个女婴。这是1937年年底。

桂芬是外婆，女婴是母亲。

秀才外公早逝，外婆寡居，坚强生计，却舍得让母亲读书。要说起来，也是拜了二十世纪初中期民族工业的兴起，纺织厂毛巾厂味精厂等和日常生活有关的工厂（工坊）在城市和市郊一家家开起来，很多本地和外来谋生的女性就有了养家糊口的一条生路，所以，五四精英们真的不必为娜拉走后怎么办过分焦虑，只要能吃苦，若兼之巧手灵活，娜拉们还是能谋到一份生路的。

于是，外婆农活之余，做竹篾的热水瓶壳子赚手工，进毛巾厂做工挣生活。母亲每天步行去县城念书放学回来也帮着做事。然后，母亲初中毕业，念了师范，毕竟要供养高中大学，以外婆一己之力太吃力了。"那个辰光爷叔是讲帮我交学费，哪能好靠人家呢？就算是至亲，也不行的，万一以后有啥事呢"，断了大学路，好学懂事的母亲虽然有些遗憾，但也不抱怨，她的命运已然不同于外婆。"我很感谢伲老娘的，让我读书，读师范，出来做教师，现在退休了有保障呢"，逾七十古来稀奔八十的母亲每年清明祭奠总要念叨。说的是，一个农村女子，寡妇，顶多上过扫盲班，幼儿早逝，不是盼着独生女早早出去做生活帮她分担，而能让她去读书，哪怕是免去学费还发饭票自家出点书簿费的师范，外婆到底是有见识的。这种见识不需要知识，是一种本性本心吧。之后母亲毕业、教书、成家，于是，外婆也从乡下搬到城里与我们一起生活，带孩子、买菜、煮饭、洗衣，各种家事，父母得以安心工作，母亲一心扑在教育事业上，工作出色，桃李累累，曾被评为上海市模范班主任。晚年了，走在路上还时常碰到当年的学生寒暄问暖，也是人情暖意。

这里没有含着金钥匙出身的金枝玉叶，没有上辈的洋房资产可以承继，只有自身一双手的努力，挣出一份自己的天，也许这天不大，到底是自己慢慢挣出来的。

这也是上海女人的故事。当然只是平常的叙事，似乎不那么跌宕起伏，也毫无衣香鬓影，但在上海这座城市（或者这个世界的大多数地方），相信这样的女子是大多数。她们在工厂做工，在田头劳作，在服务行业干活，在公司学校谋生，林林总总。她们可能一辈子都没有走进过和平饭店的咖啡厅，也真的一生难得有什么英式下午茶的享受，甚至外滩的风采也不过惊鸿一瞥，记得外婆生前说过"上海我去过一次的，坐过小辫子车"，书中的影像中的上海大概只能算是她的想象背景。可是上海不是想象式的，上海是结结实实的日子。外婆母亲们手作非凡，几勺面粉一茶匙糖也可以变出美味点心，一把时蔬让家人新鲜回味，一块肋条也可以几种吃法，一方棉布裁裁剪剪就是上衣下裳……她们就在日子的底部深处，把日子撑起来。

谁说一定要老洋房的英式下午茶才是享受呢？自制的草头饼配大麦茶也很舒坦，臭豆腐炖笋尖多少鲜美，拎了菜篮子排队买菜是很辛苦，可是沿着城河一路走回想着一家人的饭食却也满足，年底了怎么着也要请来裁缝给一家人各做身新衣裳，布匹衣裳里承载几多过日脚的精心，棉袄罩衫上的盘扣今年是葫芦明年是琵琶实在是不美学也美的审美践行，衣服褪色了自己染也很随常，各种食品物品自己做都是过日子的一部分，何来当下时潮里的那种大张旗鼓的渲染。她们或许不会穿着花团锦簇的旗袍在某个装饰豪华的会所里谈谈旗袍，那是另一种上海女子的生活脉络，但她们也会穿着清爽舒齐地去工作走亲戚，用铁熨斗烫出笔直的裤线和百褶裙的褶子，她们按着自己的能力努力过好自己的日子。难忘少时帮着外婆母亲踏咸菜腌酱瓜起早买菜，难忘大家围着八仙桌一起剥外婆从街道领来的大蒜活，也难忘梳着辫子跟着外婆走在乡间小路上去亲戚家，外婆此时不会忘了拎点糖果点心……慢慢地日子自然也会好一点好一点，但各种矛盾纠结也一路伴行，外婆母亲们总是以女人的隐忍坚韧来缓解矛盾，让一家之舟安稳下来，哪怕这种安稳下面其实也总有潜流，可是没有外婆母亲们的胸怀，潜流就成了波涛。

一直记得外婆说得最多的一句话是"图太平"，大概从战乱年代走来，太平日脚是她最大的心愿。太平就是一家人少争吵，太平就是钱不多但饭菜香，太平就是争执起来息事宁人，太平就是亲戚邻里和气相处，太平就是手脚做得动，其实太平不容易，隐忍要胸怀，活计要手艺心思，和美要度量，太平不太平，"图"中是努力。

母亲在"图太平"之外常说的又多了句"爹有娘有哪里及得自有"，是她自己的人生体会，也是给子女的家训。确然，如母亲从乡村走进城市，我们从郊区走进市区，一介布衣，无祖上可荫，无爹妈可拼，连七大姑八大姨都没有，靠的也只有自己的努力了，友朋援手是暖意，可倘若自己不努力，他人从何助起。

乙未羊年3月初从境外旅游归来坐出租突遭车祸，出租车失控转了几圈撞到隔离带，导致四根肋骨骨折，学生发来短信慰问并感慨"人要维持生活的平稳真的很难"。人生无常，意外难免，生命存留，已然不幸之幸，太平确实看似容易实际波涛暗涌。凡常日子人们喜欢激情人生，遭遇天灾人祸又说平淡是真，人性如此，懂得就好。

绑着绑带坐在电脑前写下这些文字，我在想或许外婆母亲和我都不怎么符合上海女性的想象和定义，不跳舞不咖啡不西点不妩媚，甚至也很少旗袍（外婆年轻时倒是有旗袍照片。旗袍似乎乃上海女性话语谱系中不可缺少的元素），不过上海女性已然不仅如此，这些其实不过表象罢了，或者说上海女性的脉络多元丰富。一双手过一份图太平的日脚，其实也是蛮上海女性的吧。

龚静，复旦大学中文系副教授。中国作协会员。上海作协理事。

大方之店和大方之人

马尚龙

老板要问出处，女人要问住处。"啊呀，王太太，侬蹲了啥地方啊"（你住在什么地方）？两个女人第一次见面，半是寒暄，半是探底；发问者一定是蹲了不错的地方，才会这般地问；"啊呀，我就蹲了霞飞路爱司公寓呀（淮海路的瑞金大楼），闹猛是闹猛得来，睏觉（睡觉）也睏不着。"要是王太太有些许支吾，那么她一定是住在不闹猛的地方讲不出口，一定是她的先生发财发得不好。住处对于一个女人来说，出嫁前，是父亲和祖上的荣耀证书，出嫁后，是所嫁的男人的财力证书。一个上海女人的住处，是这一个上海女人的命，也是这一个上海女人的运。

8年前的2007年，我为《上海女人》写了这么一个开头。后来有读者朋友为我总结，在《上海女人》这本书里面，我所写的上海场景，大多在淮海路，而且爱司公寓——在我很长久记忆中的大方绸布店，在书中不止一次出现。朋友为我推断，因为你一直住在淮海中路，所以就写得出《上海女人》。这个推断有一部分道理。我报出生是在淮海路，读书在淮海路，工作也曾经在淮海路，但是这不是最核心的理由。并不是每一个巴西人都会踢足球，也并不是每一个住在淮海路的人都会和我有同样的感受。我每一次写到淮海路，是我每一次对淮海路的个人思考。为什么淮海路给人一种代表了上海人生活气质的印象？ 为了写《上海女人》，我从淮海路陕西南路路口的巴黎春天，走到淮海路重庆南路路口的妇女用品商店，这一段路1500米，曾经是淮海路名副其实的黄金路段。我走过来又走

海上情怀

过去，经过了好几家很有名气的店，其中之一就是大方绸布商店——在我那一次路过的时候，它的店名是"美特斯邦威"。

正是那一次"思考型"的经过，我想到了这一幢公寓大楼对于淮海路的重要性，对于上海女人的重要性。它的三个要素：淮海路，公寓，布店，浓缩了"上海女人"的生活气质。

"爱司公寓"是建造时候的名字，1950年代之后改名为瑞金大楼，确切地说它的门牌号是瑞金一路150号，因为它的门开在了瑞金一路上。门口钉了一块"优秀历史建筑"的铭牌，为上海市政府1999年9月23日所立。铭牌上写道："原为爱司公寓，是上海早期公寓建筑。邬达克设计，钢筋混凝土结构，1926—1927年建造。带有法国文艺复兴风格。立面间隔布置强调竖向构图的凸形窗，窗设竹节状细圆柱。上部双重檐口间饰半圆券的三联窗以水平线条相连。"我没有看懂最后一句"半圆券的三联窗"的意思，细看大楼，应该是"半圆圈"之误吧。

在上海，公寓大楼集束般地伫立在淮海路和淮海路周围。公寓大楼与洋房石库门矮平房不同，代表了上海的一种文化，职员文化。因为居住于公寓大楼者，大多是教师、医生、洋行职员。他们有知识、有足够的经济收入，有体面的生活，有修养，他们的生活做派引领了上海市民文化。上海的公寓多并且风格各式，与上海的职员阶层有强烈的因果关系。公寓原来也就是有别于私产的居住，只是后来职员阶层的突起，成为了中产阶级的居住集结式地带，也成为了普通市民的向往。"文革"前，如果某一个同学是住在公寓里的，基本上可以判断出这一个同学的各个方面：经济条件好，很有礼貌，学习成绩优秀，所以老师挑选学生干部的视线，往往就是集中在这几幢公寓大楼。公寓里是不会有"野蛮小鬼""皮大王""捣蛋鬼"的。公寓大楼是上海市井生活方式的精神楷模和物质向往，煤卫（煤气和卫生设备）一定要齐全，没有大卫生（浴缸），小卫生（抽水马桶）一定要有，这不仅意味着你的住宅的水平，也意味着你的生活质量。

在这幢楼还是叫做爱司公寓的时候，当然让人想入非非。它的二楼三楼四楼有阳台，阳台极窄，几乎就只能站一个人，也很短；那是一个大小姐独思的地方，几公尺之下就是霞飞路，有一辆奥斯丁汽车，在阳台下停了下来，有个男人从车窗探出头来，她向他摇摇手，或者将一本书、一块手绢丢了下来，或者对父母亲撒个谎就下了楼，离同样也是法国风格的复兴公园就是走走十分钟的路。类似的故事，从公寓落成后就一直会有新的升级版本，比如奥斯丁车变成了黄包车，变成了自行车，甚至就是约好了的，走过来向阳台上招招手……淮海路公寓最集中，一个个阳台，一扇扇窗，隐没了许多男男女女的故事。

很多人以为淮海路女人都是这般飘飘欲仙，只能说，这些人没有在淮海路住下过，根本不了解淮海路的真谛，就像根本不了解"大方绸布店"意味着什么。淮海路看上去是情调，事实上更多的是贤妻良母持家"做人家"的地方，它有西餐社有咖啡馆有照相馆，但是更多的是布店和日用百货。布店是特别需要提及的。去布店买布，意味着不是到服装店去买现成的衣服，"做人家"的风格已经表现出来了；还意味着是自己会裁衣缝纫，家里可能已经有缝纫机，既聪敏又省钱；还意味着可以到店里淘到"零头布"——一匹布料卖剩下的最后一段，足以显摆自己精明。当年淮海路的布店有好几家，金龙最大，但是"大方"的店名最好，去大方布店的女人，绝非是受人鄙夷，见不得人，而是做一件大大方方的事情，也就是做一个大大方方的人了。

小时候，我曾经很多次跟着母亲去布店，大方许是近的缘故，印象也最深。母亲好像也是里面的熟客，会和营业员微笑招呼的。布店对于一个小孩来说是无聊的，我在里面唯一的兴趣，是抬头看着营业员收钱后，夹在店堂空中钢丝线上，一梭子飞到了账台，过会儿，账台那儿又是一梭子飞了回来，那是找头和发票。

这就是布店，公寓、淮海路和贤妻良母之间的关系。于此，我也就可以回答一个许多朋友问了很久的问题——《上海女人》是怎么写出来的？当然有我在淮海路生活了48年的缘故，但是更重要的，是我的母亲，带着我认识了大方布店，认识了淮海路，认识了上海女人。其实《上海女人》中有诸多细节是和我母亲相关的。

大方布店的年代过去了。后来是美特斯邦威，后来是阿迪达斯，再后来，那就是现在的瑞金大楼了，沿街的橱窗被遮得严严实实，一点也不大方。像是说，那一个时代的淮海路，那一个时代的大方之店和大方之人，都已经落幕了。唯有爱司公寓，依旧是公寓，还成为了风景。铁打的公寓，流水的……流水的什么呢？

马尚龙，中国作家协会会员，上海作家协会理事、散文报告文学创作委员会副主任，《现代家庭》杂志主编，编审。著有《上海女人》、《上海制造》、《为什么是上海》等。

上海五十年前

陈若曦

我在台湾土生土长，上个世纪六十年代到美国留学并结婚。夫妻分别取得博士和硕士学位后，因为向往社会主义，决定投奔祖国；我是恋乡者，当时深信最短的还乡路程应是经由北京。那是 1966 年 10 月的事。

其时由巴黎搭法航飞上海虹桥机场。机场很小，停机坪没什么飞机，相当清静。过海关时登记，丈夫把当天 10 月 16 日，改为生日以示新生活之始。接待干部都说："好，有意义！"

不但生日可以改，他们说，连姓名也可以改，甚至生男育女后，子女随父母任一方姓都行，甚至用他姓也行。

好自由啊！我十分感动。后来生了两个儿子，老大随父姓，老二从母姓，以示男女平等。以后渐发现，自由内容并不宽裕，上述行动更显珍贵了。

上海人口之多，第一天就吓我一跳。机场冷清，但车子驶入市区，行人简直摩肩接踵；人行道装不下，便大摇大摆地走在马路当中。他们有老人、女人、小孩、军人、红卫兵、工人……个个神态悠闲，安步当车。汽车一路按喇叭，示警兼炫耀吧；幸好车辆稀少，否则必嘈杂不堪。

"今天是什么节日吗？"我问陪同的干部。

"没有呀。"

"那怎么人这么多呢？"

"每天都是这样。真到星期日或假日，那才人多呢！"

31

两年后分发工作到南京居住，偶尔出差到上海，才领教了何谓人多。搭火车回去，车门挤得水泄不通，得从车窗塞进去，即一人抬一人接，里应外合把人拉进去，不但身体趴在坐客头肩上，双脚还挂在窗外哪！

我们下榻南京路上的华侨饭店，面对人民公园。饭店建于二十年代，四十年代叫金门饭店，1958年改名以接待华侨。咫尺之遥即是三十年代的著名建筑——高24层楼的国际饭店，东头接壤外滩的和平饭店，这一带曾是上海"十里洋场"高楼大厦精英荟萃之地，这时仍是最繁华地段。

住了三天，每天跑外滩看日出，走外白渡桥，还参观建国以来开发的闵行区等等，居住区井然有序，显见工人生活不错。只是有些纳闷，引人注目的地标如海关大楼、锦江饭店、和平饭店等，多是1949年前的建筑，那解放十七年来，除了增加人口，伟大建设何在？

喂饱这么多人口不容易呀！外子的解释也合情合理。

这个城市的早晨声音特别多彩多姿，随便驻足凝听一下，有轰隆而过的火车，江轮和渡轮的汽笛，电车那落地沉重的呻吟，小轿车的高音喇叭，脚踏车猛按铃，还有电钻和马达，而人声和笑语更是舞台的最佳配乐。大陆住了七年多，我最爱上海的早晨，旋律轻快有朝气，领先全国。

上海话很特别，独出一格，不可同化。两个上海人碰到，必说上海话；三个上海人在一起便是一个市场。女人说话有些娇声嗲气，着实悦耳。男人听来温文尔雅，但有时似乎花哨了些，不知是否"上海男人"美名的由来。

有个毛病倒是大陆南北一致：随地吐痰。走在上海街上，满地斑驳的痰印，令人皱眉。国粹嘛，外子说，并劝我融入习俗。君不见毛主席接见外宾时，宾主之间必摆个痰盂吗？

过几天到北京，这才发现，由于气候干燥，地上痰印更多到密密麻麻，大圈套小圈。我们在北京街上行走，必须挨着墙躲在抛物线内，以免中弹。这时不免怀念起上海来了。

半个世纪一眨眼而已，上海印象仍深刻脑海，真是可爱的城市。

陈若曦，台湾台北县人，台湾大学外文系毕业，美国约翰霍普金斯大学写作系硕士。1960年与白先勇、王文兴等创办《现代文学》杂志，以写实小说闻名文坛，现在是台湾专栏作家协会副理事长，撰写《慧心莲》等佛教小说。

海上情怀

上海女人追求不俗气

沈善增

收到《上海女声》的约稿函，一直感到是个不轻的负担。《上海女声》就是从文化角度、从海派语境去写上海女人，而且是"非印象记与报告文学"的散文，不能太虚也不能太实，粳不得糯不得。更主要的是关于"上海女人"的书文一度可以用铺天盖地来形容，至今不衰，马尚龙就写过《上海女人》，是这方面的行家里手，卑之无甚高论，还有置喙的余地吗？但推辞既不够朋友，又好像我怕他似的，"眼前有景道不得，崔颢题诗在上头"，所以一直苦恼着。随着截稿期的临近，虽还没到愁肠百结、茶饭不思的程度，但也使胃部这些天总觉得不爽，屡屡胀气。皇天不负苦思人，终于想到一个切入口，也不敢把马尚龙的书找来看，只怕一看发现他早说过了，如有雷同，就算英雄所见略同吧。

先从潘肖珏的《冰河起舞》里引一段话。一天半夜，她从梦魇中醒来，久病成良医，根据长期患心脏病的经验，她启动了"法宝"（自救的紧急预案），但这次却不行……

"将近一个多小时的折腾，已到了半夜2点了。去医院，挂急诊！我不想。为什么不想去医院？经验告诉我，挂了急诊无非也就是点滴'丹参'，或吊'消心痛'。若吊'消心痛'，那将让我的头立痛难忍！

"打电话给妹妹？我不想惊动她。若把妹妹折腾一夜，她明天如何上班？此时我想到的是：自己可能会死去！

"怕吗？

"如今，倒真的不怕了。

"自从得了癌症后，我不怕死了。我明白，人很老了无疾而终，或得了不治之症，却能毫无痛苦地离开这个世界，的确是件幸事，也是一件不容易的事。现在，我联想到自己，这么厉害的心脏病会不会死去呢？我知道也是有可能的。我觉得如果此刻我的心脏突然停跳，一下子死去，这倒不失为一种好的死法。想到这里，心神都宁静多了。

"于是，我起身，把睡衣脱去，换上平常穿的衣服，把头发捋捋整齐，而后平躺，平静地自然呼吸……此时，心区还是那么难受，但思绪安定、心绪安然……不知过了多久，居然没了知觉……

"一觉醒来，定神一想，嘿，我还在！看着自己穿的这身衣服，笑了；

"感觉一下自己的心脏，好像还行，我又笑了；我没死，我大笑！"

这段用很普通很平静的口吻说出来的话，当时就给我强烈的震撼感。这次找出书来，翻到这一段，有了心理准备，读了还是感到震撼。

什么是"视死如归"？这才是视死如归。而且是脱去睡衣，换上白天出门的衣服，修饰仪容，"把头发捋捋整齐"，如果这样躺在床上死去，她要告诉亲友，她是预知时至，坦然回家了。这将给世间留下一个充满神秘的传说。她没死，她"笑了"，她"又笑了"，她"大笑"，笑声留下了一个战胜死亡的故事。

由她的故事，我想到了另一位令人肃然起敬的上海女人——傅雷先生的太太朱梅馥。

先引傅雷的遗书：

人秀：

尽管所谓反党罪证（一面小镜子和一张褪色的旧画报）是在我们家里搜出的，百口莫辩的，可是我们至死也不承认是我们自己的东西（实系寄存箱内理出之物）。我们纵有千万罪行，却从来不曾有过变天思想。我们也知

海上情怀

道搜出的罪证虽然有口难辩，在英明的共产党领导和伟大的毛主席领导之下的中华人民共和国，决不至因之而判重刑。只是含冤不白，无法洗刷的日子比坐牢还要难过。何况光是教育出一个叛徒傅聪来，在人民面前已经死有余辜了！更何况像我们这种来自旧社会的渣滓早应该自动退出历史舞台了。

因为你是梅馥的胞兄，因为我们别无至亲骨肉，善后事只能委托你了。如你以立场关系不便接受，则请向上级或法院请示后再行处理。委托数事如下：

一、代付九月份房租 55.29 元（附现款）。

二、武康大楼（淮海路底）606 室沈仲章托代修奥米茄自动男手表一只，请交还。

三、故老母余剩遗款，由人秀处理。

四、旧挂表（钢）一只，旧小女表一只，赠保姆周菊娣。

五、六百元存单一纸给周菊娣，作过渡时期生活费。她是劳动人民，一生孤苦，我们不愿她无故受累。

六、姑母傅仪寄存我们家存单一纸六百元，请交还。

……

十一、现钞 53.30 元，作为我们火葬费。

……

信是傅雷先生写的，但我脑海里首先浮现的是坐在丈夫身边默默地看他一笔一画写遗书的朱梅馥夫人的身影。她也许不是坐着，而是在翻检收拾东西，甚至在打扫被抄家红卫兵捣得稀巴烂的居室，或者是在把厚厚的棉被铺在地板上，以免上吊踢倒脚下方凳时惊动了邻居。但我"看"到的是她坐在丈夫身边，坐成了一座白玉雕像。如果我能画图，我就要画这样一幅《夫妻写遗书》图。

现在已多有人说到，女人的美不仅在外表形象，更在内在气质。但从这两位上海女人在死神面前的表现看，我觉得，相对男性，女人都是重形象的，她们注重、讲究内在气质如何从外表形象上体现出来，这就是审美态度。我们常说"爱美之心人皆有之"，其实是爱美之心女人皆有之，女人爱美，男人爱女人，就变成"爱美之心人皆有之"了。或者说，女人教会了男人审美。但也是从她们人生姿态，我想到上海女人身上，或许还没被世人特别注意到的特质。我想到两句话：低调的高贵，优雅的尊严。

我又想起吴岩先生曾对我说过，"当初捧张爱玲，我很不以为然，后来捧苏青了，我倒要为张爱玲打抱不平了。后来又捧'亭子间嫂嫂'了，我又要为苏青打抱不平了"。

吴岩先生在主编"上海四十年代文学作品系列·散文集"《长夜行》时，不收张爱玲的作品，在散文集序言《白头回首当年》中，引用作品系列名誉主编柯灵先生的话，把"对祖国的热爱，对日寇的仇恨，对胜利的信心"定为编选的准绳，又引用许杰先生的话："要做好文章，首先必须做好一个堂堂正正的人，一个明辨是非善恶的人"，说："据此，我们编选这本《散文集》，权衡文章的质量的同时也考虑到人"，就是针对当时"张爱玲热"的说明。这里有爱国立场、政治因素。但现在来看他对张爱玲、苏青、《亭子间嫂嫂》次第的评价则是"纯审美"的，因此他对张爱玲的"很不以为然"，也是从审美上说的。他对张爱玲的"不以为然"是什么？回忆他与我的多次交谈，我现在的理解是"俗气"。这可能渗入了我对张爱玲作品的看法，张爱玲的文字可以说是精致的，富有表现力的，但有一股骨子里的俗气。所以她的作品，只读了《红玫瑰与白玫瑰》的三分之一，再没有读下去的兴趣。我现在要提这件事，是因为，"低调的高贵，优雅的尊严"，还可以概括为一个词："不俗气"。上海女人对其他女人的一言以蔽之的严重贬词，就是"俗气"，所以，反过来"不俗气"就是一个很高的褒扬词。时尚也好，传统也好，富贵也好，贫贱也好，只有"不俗气"才是好的。这样的集体无意识，是上海女人特别的教养，海派文化的大酱缸，酿成了上海女人特别的气质。

海上情怀

不知道这篇文字算不算"非印象记",但我觉得可以交卷了,对得起我在上海的六十多年的生活体验了。

　　沈善增(1950—),浙江鄞县人。专业作家。上海市作家协会第五、六、七届理事。第六、七届小说专业委员会副主任。代表作品有《正常人》等。

格致的女性

鱼 丽

脑海里浮现的上海，始终是一幅速写的画面，氤
氲着怀旧情绪，纷繁的颜色芜杂，沉郁的深蓝勾兑一
抹酡红，既传奇，又世俗，会引起人如丝如缕的回
忆；可她又具有一种质地深厚的女性韵致，铿锵女声
中，将人的视线引向生活其中的女性。

这座城市有着浓郁的女性色彩。其中的幽曲可以
由幽深弄堂里的晚风，郁郁葱葱的夹竹桃，梅雨时节
的江南雨，蜿蜒细致的苏州河感觉到。那些在钢筋水
泥间昂首而行的女子，那么张扬，那么自信，就像是
苏州河岸吹来的风，因风起波澜，难以保持最初的单纯，但却让我看到都市女性
风景的风流云转，云卷云舒。

那时年轻，很想去远方看看异乡的风景。

来上海之前，有人警告说：上海灯红酒绿的，再好的女人进到这个大染缸里
滚一滚，出来还纯白如莲的毕竟少数。

现在还能清晰地记住他说话的神情。这座城市尽管光怪陆离，却又始终单纯
透明，她被一双犀利的异地人眼神所看透。

可是，从春到夏，从秋到冬，贴肌贴肤、耳鬓厮磨地生活过来，却深厚而温
润地感受到，这座城市的魅力所在，是她用那种高贵与超越，韧性与执着，引领
着你，一点点地，提升着你身为女性的气质。

这该是我生活在这座城市的福分。

上海值得品味的，不只是她那百年的传奇历史，还有那些富于怀旧色彩的女

性气息。从常德路上经过，想起曾经生活过的那位女子，她就如一桢小像，镇定自若地竖立在那儿，轻描淡写，勾描出一幅怀旧小景。她成为这座城市里的传奇，虽然她自己的一生，却陷于冰火两极。那时的上海女性呈现出一种安静的灰蓝色，回想起来，就像老电影里的镜头，隔了很远的时间，却予人心灵的怀想。

传奇的女性就是城市里的精灵，她会带你走向远方。

这座城市里的女性，她们栖身的方式无声无息，是在不同的光线下，不同的水流中，会闪现出不一样的姿态和视觉效果。

温润的女友家常，没有传奇的经历，自有一份魅力，吸引着我与她相知相交。女友在杂志社工作，爱喝茶，每年都会为我送上一盒好茶，还会邀我去泰康路喝茶。喝茶不过是一种形式或介质，目的是为了两个人叙话。

慢慢喝着茶，品味着那份清芬微苦，嘴里闲聊着，心里就安静了下来。两人缓缓看那杯青绿，会将人带到何种人生的境界。我们各说各话，语句零碎，心思却不由自主地游向远方，沉浸在各自的心事中。

路边的香樟树叶在风里翻滚，一地微绿。我们自然而然说到了家庭，说起了工作，还有文学和诗歌。

女友说，我辞职了。

为什么？虽然有些讶异，却又释然。

我想去写诗。

从侧面看过去，她是一脸的沉静，看似柔弱却坚强，即使周围有人借着诗歌来调侃她，也看不出她内心的动容之处。可是我却看出来，躲在那茶杯后面的，深藏着的是一颗不安的灵魂。她的眼神属于深秋的表情，是沉思，是默想，是超越。

她说自己整日规避在小小的格子间，一点想象的情绪也没有。充满特质感的生活已经塞满了她的想象空间，也像是一粒粒盐，点点滴滴地洒落进去，蛰疼了她那异常敏感的想象力伤口。曾经激昂的诗情，像一位高贵的圣洁女神，早已离她远去，让她感到深深的落寞。

家庭，工作，孩子，像一篇篇繁复的长篇小说，留给她的只有短短篇幅，她的浓郁诗情，则被俗世的薄雾所深深笼罩。那些被强调、放大了的生活细节和情绪，如同水草般纠缠不清。她想从繁复的工作巨大的离心力里暂时逃出来，给自己一份空间。她的离去不一定促发诗情的产生，却一定推进思维的清醒，赋予时光更为充实的意蕴。

她说，追念在这座城市的生活，挣扎了这么多年，物质上并不丰厚，自己的居住地在城市的版图上还处于近郊。但是难得在这样纷扰的现实里，尚能与人谈起心爱的文学，还有诗歌，心中会如黄浦江水一样荡漾着激动和不安，激情的血液仍会顺着文学那细弱的根须攀援而上。

在城市高楼的浓云下面，女友的话清澈得能让人闻到诗的香气。她说起了曾经生活的北方，那儿的草木，那儿的山峦，那儿的河流，那儿的人……她的眼光飘到了远处。又说起了生活着的这座城市，虽然生存压力巨大，房价高标，但因了苏州河穿城而过，就有了不平常的景象。在她简朴平淡的话语之中，让人体味到了一份快乐和自我。也仿佛为这座城市的女性生活开了一扇漏窗，让人一瞥身为女子需格物于此的从容心理——不具备通感才能的人，是甭想紧密领略这些儿女性风景的。

这座城市的女性，面对时间沉积的忧伤，内心搁浅的隐痛，并不只做悲怆的念想，纠葛于其中的细节，而是干脆地放手，利落地转身，洒脱地离去。生活的时间越长，越能感受其中女性的格致人生——只留一方天光云影，来去皆随意。

这是一个物质化、个人化的"小时代"，在汪洋的城市物欲之中，作为女性诗人的身份，不免有些逼仄与单纯，但她的骨子里，宛如盛开有一朵白色的睡莲，已被浓郁的诗情，浸染成淡淡的蓝色，折射出了女性的情感梦幻，那么情愫别致。

这座城市彻头彻尾是一部彩色片，气韵高华的同时，间或闪烁着浮华，迷离，喧嚣，让人时而感觉有莫名的局促。可这座城市的女性，却有将彩色片置换成黑白片的能力——在城市的灯红酒绿的奋斗之后，重新追求至简至纯，卸去名利的负累，寻求心灵的澄澈与宁静。

鱼丽，上海文汇出版社人文社科编辑，副编审。

海上情怀

上海闺蜜

何　菲

　　我比较抗拒与女朋友认识之后即刻速热，进入巅峰状态，变成所谓闺蜜，有事没事总团在一起。这太感性，易出状况。因此会刻意放缓些节奏和脚步。多数女人或靠自己或靠男人构筑人生，闺蜜的作用是提鲜增色，却并非顶顶要紧。然而要是坏你的事，威力却不可估量。

　　TVB大戏《我和春天有个约会》上映时我刚读大学，很为旧上海丽花皇宫那四个青春歌女所吸引，锦瑟年华虽各怀心思，只要扎堆凑到一起，就变成了叽叽喳喳的小姑娘，闹猛侠义，情味芬芳，世界仿佛都在她们手心里了。

　　后来我发现，上海女人的闺蜜之谊最好三人一党：两人太少，一对一是犯忌的，若被对方捏牢茹，成为转身攻击自己的利器，只有欲哭无泪了。四人能凑一桌麻将，难免扑朔迷离，冷暖难测。即使是三人一党也未必牢靠，须得门当户对才行，《甄嬛传》里出身相似容貌相当的甄嬛和沈眉庄姐妹情走到了最后，让人唏嘘欣慰，而出身寒微的安陵容很快就暗露龃龉，成为腹黑女，走在了两人的对立面。

　　聪明女人成熟以后对闺蜜的选择十分谨慎。东太后慈安错将深宫姐妹当闺蜜，缺乏宫斗经验，于是自食其果；阅尽千帆的张爱玲在给邝文美的信中将自己对故人炎樱的看透对她挑明，早先情谊的老本已所剩无几；武则天一生上天入地几多轮回，关键时刻借力的多是男人，她也有闺蜜——上官婉儿，两人是君臣又是良友，混杂着知遇之恩、错综爱恨和难得的惺惺相惜之情，也倚仗一方对另一方绝对的控制力。所以闺蜜情不怕真，只怕太真，不怕假，却怕不够假，对此不屑一顾未免凉薄，可太执著于此惟有自苦了。

上海女孩 Z 小姐曾有位闺蜜，大学时代好到可以同穿一双高跟鞋。毕业第一年两人互动频繁，Z 时常会在下班后特地开车绕到闺蜜的公司接她下班，使其免受晚高峰挤车之苦。

一天早晨，Z 小姐经过公交车站，见闺蜜在等车，她习惯性停下车，热情招呼闺蜜上车，可闺蜜背过身去，假装没看到 Z，还往耳朵里塞了一只耳机。Z 很受伤，狠踩油门，扬长而去。

后来，在 Z 致电询问闺蜜云南自助游线路时，她客气地让 Z 先挂上电话，她需要查询后再给她回复。十分钟后，Z 接到电话，闺蜜的同事答复了她。

从此两人心有默契地不再联系。时光让 Z 小姐领悟：永远不要在开车时向你正在等巴士的朋友打招呼。

一晃十五年。彼此没有交集，却都坚持背后说着对方好话。一个契机使她们又恢复了联系。Z 小姐已是杂志主编，闺蜜成为大旅行社副总。后来两人结伴去了一次迪拜，享受闺蜜公司的高管福利价。旅途中，已有悍马座驾的闺蜜笑谈当年的青涩心情，说自己难受了好一阵子，还改换了乘车路线，虽然那个路线要麻烦得多。Z 小姐会心一笑，昨日的后门已经关闭，龃龉尽去，时间已把两位上海熟女带入新世界，彼此都找到了友谊与合作的新契合点。

虽无明文规定，可上海人、尤其上海女人基本都遵循一条江湖铁律：友谊也讲门当户对，否则就是施与受了。他们习惯于在自己的阶层中往来，理性而自尊，不愿高攀和俯就，这形成了一种文化自觉和集体性格。朋友本有通财之谊。"通"着重于平衡关系，"财"则是资源共享。相似的价值观固然能超越世俗藩篱，这是精神层面的门当户对，是友谊的最高境界，多数人修炼不到，于是在自我认知层面里尽力做个拎得清、懂路数的人就有着空前意义，其中包含大量被上海人珍视的智力与情商因素，既行之有据又无章可循，分寸拿捏要刚刚好。若再往人性纵深发展，超越这个"刚刚好"，同时又有特色、有理解、有品格的人方能坐庄。据说在上海石库门里生活过的女人，把她放到世界任何角落都能生活得很好，那幽暗狭窄的楼梯，每级台阶都高而陡峭，踩准每一级，摸清其内在规律就如同摸清人心最复杂的沟壑与脉络。这是环境给予的能量，生活便有了许多种可能性。

前些日子姐妹淘聚会，有人穿件棒针衫，因样式和天价曾在网上疯传，所有人都一眼认出这是爱马仕。大家都不响。棒针衫努力将话题往这上面引，差不多快直接告知了，可大家那天同时装聋，心照不宣。私下议论：名牌穿在她身上怎么也是淘宝风格啊。棒针衫锦衣夜行，一时郁闷，不想再与这帮女人聚。不过她也明白，闺蜜情不会就此凋零，它潜伏于某处，随时准备复出。如此关系，合久必分，分久必合，体恤有余，难得刻薄。

更善意厚道的女友之间，若谁想要展示些什么，大家都会热烈鼓掌。因为向你显摆，证明你在她心里。某女在市郊购独立别墅，内装电梯。她请姐妹淘来此小聚，大家一致以艳羡口吻对豪宅赞不绝口。某女心头很热，主动列举此屋的种种缺点和不便，似乎不贬损爱物，就对不住大家。成熟女性深谙姐妹淘的游戏规则。

当下上海流行纯女人餐，女人们轮流做东，绝不欢迎带男士参加。若谁破例，定会遭人反感。如果临了叫男人来买单，那更得遭人非议：谁没几个能来撑场面买单的男人呢。女人之间的感觉很微妙，难以厘清。不过，无论话题从何处开始，最后一定锁定爱情和男人，这占据了聚会的主要篇幅。若是剩女们，在靠谱的爱情来临前需要互相取暖，宣扬独立之余讨伐男人，其实却从未停止过寻觅的脚步。如果她们中有谁恋爱了，会立刻被队伍疏远。连莎翁都说，身处热恋中的女人，尤其是美丽女人，她们得到同性的友谊有点难。不过待到她失恋，姐妹淘又会不计"前嫌"张开宏阔的双臂迎接她归队。直到她们纷纷名花有主，那份亲密自然不再狗尾续貂，多年后再回想，不过是路过的人和路过的自己。而已婚女人聚会，多讨论坊间桃色八卦、近来的浪漫邂逅和芜杂纠结的心绪……很少提及男人想当然的服装、化妆品和打折之类琐事，基本不提家庭。那一刻，她们都是女孩子。

细腻和交流欲使她们彼时彼刻极其真诚，没什么场面话应酬话，充满人间暖意，可也要千万注意关紧嘴巴，少说过去和将来，有效信息量尽量清减。上海是个做人做事都要费点神转些弯的地方。深于世故与不通世故一样，均属贬义词，不可不通又不可太通，性情与技巧的黄金把握实在考究到了细枝末节。如何与外部世界和内部世界打交道是这座城市摧枯拉朽的吸引力，来势汹汹又不动声色。

较劲也好，暗战也罢，上海女人间的闺蜜之谊终是有好感和真心垫底的。而经过岁月沉淀和心智历练的女友之间，会摒弃小女人式的"形密"，转向神契，对彼此的选择报以理解和掌声。时光蒸馏出了真正的友谊和牵念。她们不再是一期一会的闺蜜，她们稳固成了一生一世的知己。

何菲，上海电子出版公司编辑部主任。

　　　　　　　　　　　　　　　　　　海上情怀

沪声琐记

路 内

我父亲兄弟六个，还有一个姑妈，他们生活在苏州这个地方。用一个调侃的说法，每个苏州人都有几个上海亲戚，我的奶奶就是上海女人。有时候他们说起她，会继续调侃说，是被阿爸从上海骗回苏州的。为什么能骗回来呢？因为阿爸年轻的时候帅啊。哎呀哎呀，妈妈年轻的时候也是有家底的人，她的父亲在静安区开印刷厂的，能被骗走还是因为阿爸太帅气了，当年阿爸是做司机的，开一辆福特，满城兜风，就这么骗走了。

可是我童年的时候，看到我的奶奶，她坐在冬天的太阳底下拆回丝手套，非常穷困。她养一只白猫，抽烟，没工作，讲一口苏州话，那时我根本不知道她是上海人。她的两个弟弟在上海，后来葬在了苏州。小时候我去过曹杨新村一位舅公的家里，屋子很狭窄，进进出出的妇女，都低声地讲着上海话，小心翼翼地走动，避免磕碰到家具上，和苏州人的做派非常相似。长大以后我才知道，原来曹杨新村也只是工人新村，并不是上海的高尚地段。他们家里并不是很有钱，到了八十年代靠做贸易又挣回来了一点，但原先的家底是谈也不谈了。

可惜我奶奶去世得太早，很多故事也就失传了。

我的外公住在真如，隔一条交通路就是上海西站的铁轨。那个地方也不是什么上只角，我经常是春节去看他，因此留下的印象，永远树木凋敝，冷飕飕的，火车的声音就在近处，像我日后经历过的城乡结合部。外公1949年从苏州迁居到上海，家史太复杂了，总之我妈妈留在了苏州，我娘舅去了上海。生活非常平淡，外婆是续弦，据说从前是一位国民党军官的太太，军官做了俘虏，判刑，外婆遂改嫁给我的外公。这件事也只是知道一个大概，家里是不说细节的，她七十年代末去世，非常早。我妈妈说，六十年代，军官释放出来，还来探望过她，我的外公给了军官一点钱，他就走了，再也没有来过。这故事又该从何讲起呢？也失传了，只能凭空想象。

我妈妈前几年也去世了，在世的时候，她讲苏州话，到上海探亲就讲上海话。我娘舅住在李子园，舅妈年轻时候非常美丽，一口上海话细声细气。有时候上海人会很谦虚地说，苏州话比较好听，上海话粗鲁。其实照我的看法，我舅妈的上海话是非常好听的，至今仍是，她脾气也很好，十分节俭。

那个年代我接触到的上海亲戚，大部分都有教养，讲话很有分量，如果家里有什么事决断不了，请他们来决断，一般都没错。而上海的女性都很低调，站在男人身后，看他们虚张声势的样子，笑笑，不大会插嘴进来。我想，过去年代所谓的一些美德，放到现在可能不是很合适，不够女权，但是在表象之下，她们还是显得不一样。

我中学时代念的是个技校，有一位女老师是上海人，她上课用上海话，讲的是机械制图。班上全是苏州人，大家都听得懂，那时她挺年轻的，非常受学生的欢迎。这个班级是一群混账少年，将来全都是去厂里做苦力的，他们在任何课上都能打起来，或者抽烟，吃冷饮，只有机械制图课非常安静，考试成绩很好。现在想起来，她讲课时的样子还是会浮现在眼前，大方，斩截，洋气，好像那个口音非常有说服力。谁要是说这里带有性启蒙的成分，我也没有意见。

我还记得有一年清明节，学校组织了去火车站维持秩序，几十个混账少年在她的带领下，戴着红臂章，煞有介事地拦起绳子，管理那些上海来的扫墓客。天气很糟糕，路不好走，只有一班公共汽车去墓区，车上挤得满满登登，二十分钟才发一班车。现在想来，是非常艰苦的，人们不免怨声载道。我们的女老师站那儿，镇了全场，威严地说："上海人就是嗲。"这个嗲字不是什么好话，是爱撒娇的意思。但她操着上海口音说这句话，令人想笑。

到了九十年代，那时候我二十岁，女朋友在华东理工大学念书，我经常到上海来看她。那个年代有一道风景非常醒目，就是穿着睡衣在街上走的女性。这事至今还有人提起，说上海女人是穿睡衣上街的，没品位（有一次我对北方同学说，这习惯还真不是上海人发明的，毛泽东当年穿睡衣接见外宾的）。总之街上都是，说实话，看着很浪。有一次我和几个念大学的朋友，站在上海的公用电话亭外等候，一个穿睡裙的姑娘在里面打电话，她钱多，煲电话粥，我们边听边看。后来来了个戴红臂章的爷叔，说你们这样伤身体的，前头还有电话亭，不要在这里等了。这个风气后来传了出去，有一次我在苏州的古旧书店里，看见一位女性，也穿着睡裙进来，脚上一双塑料拖鞋，里面的内衣是黑色的，睡裙薄如蝉翼。在古旧书店看到这个属于要命的事情，营业员就问，你上海来的吗。她说不是啊，我苏州人。大家就松了口气。

　　那个年代上海的大学里并不流行讲上海话，大家都讲京片子，连上海本地女孩都这样。现在上海人讲的那种沪式普通话，在电影里经常被丑化式地应用，很无聊，仿佛只有这样才能显出这是个上海人。其实不是，我见过上海女孩讲京片子、粤式普通话、台式国语的，什么流行就讲什么。那个年代上海的大学里，大家有多崇拜王朔吧，不开上海口音几乎挑不出本地女孩，谁都能像北京人一样骂街，语言素质非常好，扩招以后大概降下来一点了。再后来，我觉得她们是故意讲沪式普通话了，好比我表妹，念上医大的，年轻时候京片子很溜，特招人喜欢，现在又讲回去了。这个问题没有社会学家研究过，可能太微不足道了。

　　现在坐公共汽车，会听到报站的声音，用普通话一遍，用上海话一遍。好像还引起过争议。这有什么可争的，人到了一座城市，听听它的方言，没有什么不好，这座城市想要发出自己的声音，也是正当的事。我记得以前还有浦东话，苏南一带的人可以很明确地把它从上海话里分辨出来，但现在也没有人讲了，这个语言也就死掉了。浦东话里有一些非常独特的发音方式，在其他地方是没有的。

　　现在让我回忆那些上海姑娘的声音，除了上海话之外，还有沪剧，在苏南一带是曾经流行过的。还有苏州的评弹、昆剧，浙江的越剧，照我妈妈的说法，上海的评弹、昆剧、越剧、淮剧都是非常好的，甚至强过它们的原产地，京剧也能占一隅江山。在我小时候，打开收音机听上海电台，这些声音都能传入耳中，跟着我妈妈一起听，印象十分深刻。上海本地的女性讲话，也是各色各样，有慢吞吞的，有轻软细糯的，有语速极快的，也有五经哼六经的。她们并不能汇成一个大合唱，而是得让我从记忆中一个一个精心地选取出来，单独地回放。我们真是已经走过了太多的年代。

路内，小说家。1973年生于苏州，现居上海。著有小说《少年巴比伦》《花街往事》等。

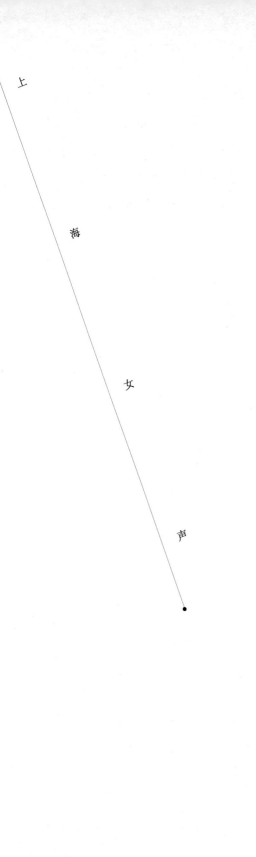

上

海

女

声

美　丽　人　生

母亲和书

赵丽宏

又出了一本新书。第一本要送的，当然是我的母亲。在这个世界上，最关注我的，是她老人家。

母亲的职业是医生。年轻的时候，母亲是个美人，我们兄弟姐妹都没有她年轻时独有的那种美质。儿时，我最喜欢看母亲少女时代的老照片，她穿着旗袍，脸上含着文雅的微笑，比旧社会留下来的年历牌上那些美女漂亮得多，就是三四十年代上海滩那几个最有名的电影明星，也没有母亲美。母亲小时候上的是教会的学校，受过很严格的教育。她是一个受到病人称赞的好医生。看到她为病人开处方时随手写出的那些流利的拉丁文，我由衷地钦佩母亲。

在我童年的记忆里，母亲是个严肃的人，她似乎很少对孩子们做出亲昵的举动。而父亲则不一样，他整天微笑着，从来不发脾气，更不要说动手打孩子。因为母亲不苟言笑，有时候也要发火训人，我们都有点怕她。记得母亲打过我一次，那是在我七岁的时候。那天，我在楼下的邻居家里顽皮，打碎了一张清代红木方桌的大理石桌面，邻居上楼来告状，母亲生气了，当着邻居的面用巴掌在我的身上拍了几下，虽然声音很响，但一点也不痛。我从小就自尊心强，母亲打我，而且当着外人的面，我觉得很丢面子。尽管那几下打得不重，我却好几天不愿意和她说话，你可以说我骂我，为什么要打人？后来父亲悄悄地告诉我一个秘密："你不要记恨你妈妈，那几下，她是打给楼下告状的人看的，她才不会真的打你呢！"我这才原谅了母亲。

我后来发现，母亲其实和父亲一样爱我，只是她比父亲含蓄。上学后，我成了一个书迷，天天捧着一本书，吃饭看，上厕所也看，晚上睡觉，常常躺在床上看到半夜。对读书这件事，父亲从来不干涉，我读书时，他有时还会走过来摸摸我的头。而母亲却常常限制我，对我正在读的书，她总是要拿去翻一下，觉得没有问题，才还给我。如果看到我吃饭读书，她一定会拿掉我面前的书。一天吃饭时，我老习惯难改，一边吃饭一边翻一本书。母亲放下碗筷，板着脸伸手抢过我的书，说："这样下去，以后不许你再看书了。"我问她为什么，她说："读书是一辈子的事情，你现在这样读法，会把自己的眼睛毁了，将来想读书也没法读。"她以一个医生的看法，对我读书的坏习惯作了分析，她说："如果你觉得眼睛坏了也无所谓，你就这样读下去吧，将来变成个瞎子，后悔来不及。"我觉得母亲是在小题大做，并不当一回事。

　　其实，母亲并不反对我读书，她真的是怕我读坏了眼睛。虽然嘴里唠叨，可她还是常常从单位里借书回来给我读。《水浒传》、《说岳全传》、《万花楼》、《隋唐演义》、《东周列国志》、《格林童话》、《钢铁是怎样炼成的》、《牛虻》等书，就是她最早借来给我读的。我过八岁生日时，母亲照惯例给我煮了两个鸡蛋，还买了一本书送给我，那是一本薄薄的小书《卓娅和舒拉的故事》。在五十年代，哪个孩子生日能得到母亲送的书呢？

　　中学毕业后，我经历了不少人生的坎坷，成了一个作家。在我从前的印象中，父亲最在乎我的创作。那时我刚刚开始发表作品，知道哪家报刊上有我的文章，父亲可以走遍全上海的邮局和书报摊买那一期报刊。我有新书出来，父亲总是会问我要。我在书店签名售书，父亲总要跑来看热闹，他把因儿子的成功而生出的喜悦和骄傲全都写在脸上。而母亲，却从来不在我面前议论文学，从来不夸耀我的成功。我甚至不知道母亲是否读我写的书。有一次，父亲在我面前对我的创作问长问短，母亲笑他说："看你这得意的样子，好像全世界只有你儿子一个人是作家。"

　　父亲去世后，母亲一下子变得很衰老。为了让母亲从悲伤沉郁的情绪中解脱出来，我们一家三口带着母亲出门旅行，还出国旅游了一次。和母亲在一起，谈话的话题很广，却从不涉及文学，从不谈我的书。我怕谈这话题会使母亲尴尬，她也许会无话可说。

去年，上海文艺出版社出版了我的一套自选集，四厚本，一百数十万字，字印得很小。我想，这样的书，母亲不会去读，便没有想到送给她。一次我去看母亲，她告诉我，前几天，她去书店了。我问她去干什么，母亲笑着说："我想买一套《赵丽宏自选集》。"我一愣，问道："你买这书干什么？"母亲回答："读啊。"看我不相信的脸色，母亲又淡淡地说："我读过你写的每一本书。"说着，她走到房间角落里，那里有一个被帘子遮着的暗道。母亲拉开帘子，里面是一个书橱。"你看，你写的书，一本也不少，都在这里。"我过去一看，不禁吃了一惊，书橱里，我这二十年中出版的几十本书都在那里，按出版的年份整整齐齐地排列着，一本也不少，有几本，还精心包着书皮。其中的好几本书，我自己也找不到了。我想，这大概是全世界收藏我的著作最完整的地方。

看着母亲的书橱，我感到眼睛发热，好久说不出一句话。她收集我的每一本书，却从不向人炫耀，只是自己一个人读。其实，把我的书读得最仔细的，是母亲。母亲，你了解自己的儿子，而儿子却不懂得你！我感到羞愧。

母亲微笑着凝视我，目光里流露出无限的慈爱和关怀。母亲老了，脸上皱纹密布，年轻时的美貌已经遥远得找不到踪影。然而在我的眼里，母亲却比任何时候都美。世界上，还有什么比母爱更美丽更深沉呢？

赵丽宏，散文家，诗人。1952 年生于上海。现为中国作家协会全国委员会委员，中国散文学会副会长，上海作家协会副主席、《上海文学》杂志社社长、《上海诗人》主编，全国政协委员。著有散文集、诗集、报告文学集等各种专著共七十余部，有十八卷文集《赵丽宏文学作品》行世。

那一年，我头一回去上海

范小青

我住在苏州，离上海不远，况且我是出生在上海的郊县松江，虽然很小就离开了那里，但思绪却常常飘回我那个地方，那一所旧了的学校，那一排上世纪五十年代的平房，房前的篮球场，母亲怀着我，坐在门口看父亲打球。但是地理上的近加上心理上的近，却并没有让自己成为上海的一个常客，去上海是很难得的事情，这么多年来，如果不算上去虹桥机场坐飞机的次数，正式的去上海，大概不会超过七八次。

其实苏州人是很喜欢去上海的，尤其是在结婚前，小夫妻是必定要去一趟上海的，好像这一趟上海不去，会很没面子，女孩子还会生气。当然那是在从前，商品不富裕的时代，去上海是因为上海的东西好。

可惜我结婚的时候没有去上海，不是不喜欢上海的东西，是因为没有钱去买那些好东西，光看不买还不如不看。现在苏州人，已经不仅仅是去上海购物看西洋镜，我认识的好些年轻人，都辞掉了苏州的工作，去上海发展了。听说上海工资，要比苏州高出好多倍呢。

我头一回去上海，已经二十多岁，是大学两年级的暑假，那时候我父亲在吴江县委工作，去上海是为县里搞化肥，所以是找的他几十年前的老友，上海农委的一个同志，就介绍在大世界附近的一个小招待所住。旅馆很小，房间却很大，因为是大统铺，我住的那个女间，有二十多张上下铺，客满的话可以住四十多个人。现在回想起来，也已经记不清那个晚上是怎么过来的，只是知道，从前的人，吃得起苦，而且吃苦的时候也没有觉得是苦。不像现在，娇贵得不得了，稍有一点热就喊热死了热死了，就要进空调房间去了。

对于上海的印象，是更早的时候就有的。我在乡下读书的时候，有一个女同学，她的父亲在上海的工厂里当工人，在当时，这种荣耀差不多能把小伙伴羡慕死。有一回她告诉我，她爸爸从上海给她买了一双宝石蓝的高统套鞋，把我彻底地搞蒙了，因为我不敢相信这世界上还有这样的套鞋。那时候我连一双最普通的元宝套鞋也没有，只要一下雨，从来都是光脚走路的。

大上海就是从那一双宝石蓝的高统套鞋开始走入我的印象的。

所以后来当我终于有机会来到上海，在条件稍稍许可的前提下，自然就要去看一看女孩子们最钟情的服装店了。是在淮海路还是南京西路的店，已经记不太清了，只记得走进去的时候，那个柜台上有一个男顾客在买东西。我一眼就看中了一条浅灰稍带一点蓝色的涤纶裤子，就想买它。营业员问我，你腰身多少？接下去，最可怜的事情发生了。可怜我的，已经长到二十多岁了，居然无知到对衣服的尺寸毫无概念。但明明不知道，还偏要不懂装懂，假作内行地说，二尺七。就在那一瞬间，女营业员和那个男顾客，爆发出惊天动地的笑声，啊哈哈，啊哈哈。我傻傻地站着，我知道我是说错了，但不知道错在哪里，甚至不知道是说大了还是说小了。

按我的性格，肯定是要拔腿逃跑了，但这一回我却没有跑，唯一的理由就是上海服装店里的那条裤子太吸引我了。也幸亏我坚持下来，买下了它。后来穿上它，走在校园里，就感觉自己像个仙女，要飘起来了。这种飘飘欲仙的感觉，就因了这条裤子，一直持续了很多年。也就是说，过了好些年，这条裤子仍然是时髦的，仍然是出众的。

难怪，从前苏州人都要到上海去买衣服。也难怪，从前苏州人结婚前，一趟上海之行是绝对少不得的。

晚上回到那个大统间，虽然没有客满，但也住着不少人，都是全国各地来上海的妇女，她们在说话，说的什么我当然记不得了，但我想，其中有许多话题，是和衣服有关的。那一年夏天很热，我躺在嘈杂的旅馆的小床上，心里却很清凉

美丽人生

宁静，那条"二尺七"，陪伴着我度过了有生以来的第一个上海之夜。

三十多年过去了。常常想起那一个夜晚，在上海一家小旅馆的一个大房间里的事情，恍若隔世。

我是喜欢上海的，上海有我的不多的回忆。回忆多了，就会不当回事，所以我不会经常去上海。

范小青，江苏省作家协会主席，全国政协委员。上世纪八十年代起发表文学作品，著有长篇小说十九部，代表作有《女同志》、《赤脚医生万泉和》、《香火》、《我的名字叫王村》等，中短篇小说三百余篇，代表作有《城乡简史》等。

人生不是单行道

曹 雷

"这是一件曾经怕提、怕谈，又免不了经常提、经常想的事。

这是一件难写、不想写、而写下来又非常简单的事……"

事情已经过去了二十六年，以上两句话是事后没多少时间写下来的，反映了当时的心境。现在想来，还是很真切。

二十六年前，我还是上影的一名成员，一个初春，作为一部故事片的副导演，从东北飞到西北物色

儿童演员，一个半月里，马不停蹄地跑了7个城市。那期间，我曾精疲力竭地趴在我联系的某个单位的办公桌上迷糊过；也曾靠在西安市一个路口的电线杆旁打过盹。总以为是路途太累，时间太紧，回到上海一定要好好睡他两天缓缓劲儿，没想到下了飞机，进了家门，刚要梳理一下，却发现胸部有一个硬块。不大，似花生米大小，不疼，也不痒。我心里有点犯嘀咕：不久就要去东北拍外景，身上带着这么个家伙，万一有什么发展变化，进入深山老林可就不好办了，何不早点清除它。

第二天，我早早到医院做了检查，医生嘱我住院做手术切除，我丝毫没有犹豫，没过两天，就进了医院。喊哩喀喳、干脆利落地切出了一个——恶性肿瘤！

开玩笑！这真是命运跟我开的一个绝大的玩笑！在经过了十年动乱的磨难，刚刚安定下来可以喘口气的时候；在荒废了十年的青春，正打算作些补偿的时候；在与自己喜爱的专业一别多载，正想重新做些事情的时候；在我晚来的孩子

还未到学龄的时候，命运竟给我来这重重的一锤。

回想当时的感觉，一片纷乱。害怕吗？几乎顾不上，只是想耽误了影片拍摄可不行，赶紧让摄制组换人吧，心里直觉着抱歉；哭一场吗？奇怪的是当时想了许多，就没想到要哭，也许觉得哭也没有什么用，又治不好病，何必呢！也许是直想犟过这命去，不愿在命运前以眼泪示弱。

在这生死攸关的时刻，我尽量不去想"死亡"这两个字。我告诉自己，这只不过是我演艺生涯中又一次生活体验罢了。于是，我努力在自己周围营造一种欢乐的气氛，使人们不再用怜悯和同情的眼光看着我。在手术台上，我努力不去听手术器械的碰击声，我跟医生们聊天，讲法国电影《老枪》中那个外科医生的故事。在病房里，我面对病友们拿自己的病情当笑料：什么背脊疼是"滚钉板"啦，缝刀口是"装拉链"啦。我们用自嘲的口吻把眼泪变成对疾病和不幸的戏谑。

病房生活，这是一种难得的生活体验，与过去从小说、电影里看到的病房气氛相去甚远。我发现，虽然偶尔也会有人哭泣，但更多的时候，人们总是有意无意地回避那使人揪心的话题，而去努力寻找欢乐。

手术后，我的右臂无力地下垂，抬起手来，指尖竟然够不到右耳垂。医生嘱我锻炼，否则右臂将会留下残疾。他让我用肘倚着墙，手指扒着墙面一点点往上挪，直到手臂完全伸直。谈何容易！手指每上升一公分，我都会出一身大汗。每当我做这"爬墙"运动时，全病房的病友们都为我当啦啦队，喊着"加油！"直到我打破上一次高度的纪录。似乎我的成功就是所有人的成功。

病房里，我们有许多快乐的话题，有许多有趣的故事。有时，一点点小事，能让我们笑上半天，直笑得刚开过刀的人捂着创口叫："不行了，再笑要崩线了！"直笑得医生护士跑来问："什么事这样开心？"我也从那时起练出了说笑话的本事。也许，平日里忙碌于工作、家务，操心于人与人之间的纠纷、矛盾，而无暇去发现、享受生活中点点滴滴的"开心"；也许，到了这可能是生命的最后时日，人们才忽然意识到不能让这剩下不多的生命浸泡在泪水里，而要尽情去欢笑一下。外来人走进我们的病房，会很难相信这些在病床上躺着的都是悲剧中的主人公。

但是，欢笑毕竟不可能使我忘却自己是从死亡线上挣扎过来的人。有些和我同屋邻床的病友，几个月或一两年后相继与这世界告别了，不知道哪一天，我也会走上这条路。生命的紧迫感时时胁迫着我。于是，我急于想趁着还有口气的时候抓紧做些事情，不然就来不及了。总得给这世界留下些什么，否则不是白来了一趟么？做什么呢？我不再幻想曾有过的一番宏愿，不再想有什么轰轰烈烈的惊人之举，只要力所能及，能做一点就做一点。想写的时候写一点，能说的时候说一点，不要让自己闲下来，不要让头脑有空去胡思乱想些吓唬自己的事。为什么要提早申请病退？我才四十刚出头！为什么要半休？当体力恢复到可以工作的时候，我一天也不愿意在床上多躺！我完全可以一面认真治疗，一面做点什么。

当然，摄制组的工作，我是没有力量去担当了。可，人生不是单行道，我尽可以寻找自己走得通的路去走。我想过学习写作；我喜欢织毛线，甚至想自己成立一个毛线编织社。最后，我决心转到幕后，当一名配音演员——选择这项身体能适应又为我喜爱的职业。我决心把这项工作做好，小小心心用我的声音把一个个角色尽可能配得完美，尽可能不留下什么遗憾。当想到即使自己的生命有一天结束了，可是用心血浇铸出来的、融合了我的声音、我的感情的这些角色，却仍能活在这个世界上、活在人们心里，这是多大的宽慰啊！

紧迫的另一面，是一种解脱。愈是对生命的失而复得感到庆幸，愈是撇得开功名利禄对自己的束缚。从医院出来的每一天，都是对我的意外的犒赏，分外值得我珍惜，就像是"白捡来的"一样，那么，何不让这意外得来的一天过得让自己高兴也让别人高兴呢？何必再去为那些无谓的身外之物而烦恼，去糟蹋这不易得来的日子呢？当有人仅为了"钱"而孜孜以求的时候，我却悟到了一个道理：如果用自己的生命换来的仅仅是钱，那么，这生命是太没有价值，太不值钱了。

掐指一算，自己的生命竟也超过预算，那场恶梦好像是上辈子的事了。我过得也算对得起这些"捡"来的日日夜夜。这 26 个春秋，我几乎没有浪费过一天，从一个配音演员又兼任起译制导演的工作。我用声音在银幕上、荧屏上塑造的人物，粗粗算来，也有上千；译导的片子不下三位数。电台的播音室，是我常去的地方，在那里，我为孩子们讲童话、故事，在文艺节目中播小说、诗歌，还参加广播剧的演播。工作之余，我拿起笔来写散文、写游记、写影评、写生活杂感，创作过几部音乐广播剧，还写过儿童读物，这也称得上是一种业余爱好吧。最让我高兴的是，我居然重返了阔别多年的舞台，演了近 10 部话剧。

塞翁失马。一场险恶的疾病夺去了我许多宝贵的东西；却也使我得到了许多原先不曾有的东西。同样的宝贵，也许更甚。

这就是人生吧！

曹雷，毕业于上海戏剧学院。现为国家一级演员：电影演员、话剧演员、配音演员、译制导演。1996 年于上海电影译制厂退休。现为上海市文史研究馆馆员。

当我们还年轻

王晓玉

算起来已经过去十年有余了。似乎是 2001 年，我们四人，参加一个联谊活动。地点，好像是在近郊，青浦某个度假村。有人带着相机，说道：来来来，照一张吧。于是就很随意地站成排，留下了当我们还年轻时的记忆。

十年，白驹过隙，匆匆。十年前的四个人，都正处壮年，还残留着那么一点青春。除僵立于画面中作师道尊严状的我之外，她们三人，个个意气风发，潇洒自如，洋溢出海上知性女子的自信、睿智和飘逸。可是不过只是十年，四人中居然就有两位辞别，与留下的两位生死相隔。相比我和王周生，离去的陆星儿和蒋丽萍，都是少去好几岁的妹妹。她们俩走时，都只五十多岁。而上海地方女性的平均寿命，是八十又四！写至此，心内能不痛哉！

陆星儿时任《海上文坛》执行主编。她热情，善于交游，富有人脉人气，在文坛、商界、媒体、经济领域都有朋友，朋友且多有实力，于是她就经常组织如同那次青浦聚会似的联谊活动，邀着同道同好们同吃同住，谈天说地，议文事、艺事、国事、政事乃至于家事，兼之约稿论稿，把那本以展示上海文坛即时风景为主要内容的文化类杂志，办得生气盎然。她在文坛出道早，多部作品获上海及全国奖，毕生写下的小说和剧本，总字数几百万，因之而享誉全国。记得有一年与她一起去北京，参加作家代表大会，与她同住一室，总有操着南腔北调的文人来找她，真有一种四海之内皆为友的感觉。后来要选举了，各地要送出一个有影响的大家信得过的"检票人"，上海就推出了她。蒋丽萍一样也是个能人。相比星儿，她似乎更民间一些。除了当年在崇明农场时做过什么必须更出大力更流苦汗的指导员之类，后来踏上文坛好像再没当过哪一级的领导。她是一个很单挑的文人。同时却又是一个很积极地步入社会的活动家。她在上海电视台做过好几年的节目主持人，后来又跟沈善增、谷白一起形成三角组合，好似凤凰台的"锵锵三人行"，成为一个戏剧类栏目的常驻嘉宾。有一个阶段她还去杭州的钱江电视台当主持人，那节目叫"女人家"，女性主义色彩很浓的，当地家喻户晓，以至于她在西湖边上行走，总有人向她行注目礼并高呼"女人家"！她们俩，都称得上是上海地方的文化名人。

她们都太累了。

她们对写作的态度极为认真，都只是凭着本心本性本情本感而动笔的拼命三郎，将自己的生命时日化为文字，一直到离去。即便是在已经查出了病情后的最后两年里，陆星儿还是推出了两部长篇——《痛》和《用力呼吸》，仅读此两书名，又有谁能不感同身受到这一孱弱女子是以怎样的毅力在点亮着最后一截生命之烛！蒋丽萍又何尝不是一个以时光折换文学之果的苦力？她的创作跨界宽大，出手便是数十万字的长篇，小说兼涉当下现实和古代历史，而剧本创作也既有原创，又有改编。我曾为了参加她依据王安忆之原作所改编的电视剧《长恨歌》研讨会，通宵达旦地看完了这三十余集的电视剧，不能不为她作为一个改编者，竟能如此精准地把握住改编的原则，在不动摇原作根底不减耗原作精华的基础上尽量充沛地融入自身的创造力而深深折服。说实话，我那时就有了一种隐隐的担忧，我觉得蒋丽萍在这一宏大的工程中，几乎掏空了她整个的心，那里面有着太多的对人生、对社会、对历史、对男女之间的情和爱和性、以及对上海这一地域之文化的理解了。文人行文，如果到了如此呕心沥血的地步，为时能久乎？

她俩的辛苦远不止于此事此时。星儿单身一人抚育着儿子，直至将他送入高校艺术专业，其间的含辛茹苦，唯有她自知。那一年她以一己之力买下了同单元邻居的房子，装修时一墙一角一砖一瓦均由自己设计和购置，问她是何苦来，她只是笑着望望高过她一头的漂亮儿子而不答，其心也惟有她自知。蒋丽萍是个长女，多年来一直上孝奉病弱老母，下帮扶同胞妹妹，对儿子的教育也宽严相济，朋友们都知道她培养出了一个好儿子，自然，她成了亲友们公认的家庭里的大功臣。而功臣之誉，是以她身负几层重担的辛劳作代价的。她俩又都是"知青"一代人，刚届成年就赶上了一个历史时期，以尚未完全发育好的身心去"与天斗、与地斗、与人斗"了。陆星儿在极端气温至零下四十多度的黑龙江军垦农场，修过十年地球；蒋丽萍在崇明务农逾八年，以栽稻割麦担河泥均不输强男劳力的杰出表现，跟那时也在农场的王周生同为远近闻名的"铁姑娘"。星儿和丽萍后来身上的伤痛并且过早地病逝，其实都源于其时。

她俩都是上海作家协会的专业作家，正宗的以文谋生。虽然作品不少，但区区薄酬，赶不上 CPI 的速度，不但难以成富豪，平时里日子过得还是紧巴巴。星儿很爱美的，可是为了省钱，成了作家协会一侧某家专卖出口转内销之折扣衣物的常客。好在她身材匀称苗条，穿什么都漂亮，于是她也常为自己能淘宝而自豪。2003 年，她病情有所缓解，还是常出席一些文事活动。我遇到她时，见她虽清癯瘦削，但穿着一袭素净的连衣裙，依然还是典雅动人。蒋丽萍在衣着打扮上要另类些，更追求个性色彩，看看相片上她那花条宽松大裤吧！可是比起后来她不再染发、一头硬刺猬似的白发又去做了个"玉米烫"，根根直挺怒发冲冠，相片上的她，那天还算是很正规主流的装束呢！她们都爱洁净，好时尚，看重品位，讲究精致，却又善于持家，勤勉节俭，称得上相当地道的上海女性。她们的作品里，也包含着这样的地域特色。

天空了无痕迹，鸟儿已经飞过。可在我看来，却未必尽然。生命之路有长有短，有人只是一路踏去，走向尽头，有人则是一路播种栽植，留下更久长更璀璨的风景，这些风景，也就是他们留下的不朽的痕迹。时至今日，我凝望着相片上的这两位笑靥如花的故人，眼前还是晃动着她们生气勃勃的身影，耳边还是响着她俩爽朗开怀的笑声。她们是这样的热爱生活，热爱文学，并且以她们对文字的驾驭能力，将她们的爱抒写了出来、留存了下来，于是她们就像两颗星星，至今还在天上闪烁她们的光亮。勤奋的创作，留下的是精神的产品，那是不会如肉身般消融去了的。这，或许正是文人的最大价值。

　　王晓玉，祖籍山东，出生于上海。22 岁时从华东师范大学中文系毕业，先后在黑龙江和江西任教，30 岁时调回上海，再后调回母校，2010 年退休。曾任华东师大中文系教授、传播学院教授并博士生导师和首任院长。兼涉文艺学理论和文学创作。

海上翠篁

王 勉

董竹君原名叫董篁，这篁字便是竹的意思。中国
人历来爱竹，人们将"梅兰竹菊"称为花中四君子，
将它们傲立严寒、亭亭净植的特性引申为人性中风霜
高洁，不与世俗同流合污的品质。傲雪寒梅凌然不
屈、空谷幽兰超凡脱俗、带霜寒菊风姿绰约。而竹，
看似纤弱易断，实则坚韧不拔。清人郑板桥独爱竹，
他画竹诵竹，其情不减梅妻鹤子的林逋。他在《竹
石》中诵道："咬定青山不放松，立根原在破岩中。
千磨万击还坚劲，任尔东西南北风。"这首诗可谓字
字珠玑，青竹的美好品质形象地跃然纸上。董竹君的一生就如同这坚韧的青竹一
般，越挫越勇，百折不挠。

董竹君出生在二十世纪初的元月初五，也是一个天寒地冻的日子。她是家中
的长女，又生得白净可爱，父母自是十分欢喜。但不幸的是，她生不逢时，清
末的中国早已疲病不堪，又生在社会底层的穷苦人家，早早地便注定了她一生的
颠沛流离。幼年时的董竹君一直生活在英法租界交界处的洋泾浜边上。"洋泾浜"
一词如今在沪语中已引申为"不纯熟的上海方言"之意，但在过去，这条浜确实
存在，还是一条黑臭浑浊的臭水浜。水浜旁的生活环境很艰苦，因此在这里居住
的大都是来自社会底层的穷苦人家。董竹君的父亲是人力车夫，母亲是替人帮佣
的娘姨，尽管付出了艰辛的劳动，收入却依旧微薄，生计也十分堪忧。好在父母
为小阿媛倾注了巨大的爱，她的童年仍旧有了许多美好的回忆。董竹君六岁的时
候，父母还是咬着牙将省吃俭用攒下的家用为她付了私塾的学费。董竹君在父母

的庇护和老师的教诲下，长成了聪慧早熟、明艳照人的女孩子。但好景不长，父亲的患病如同倒掉了顶梁柱，家中变得一贫如洗，母亲微薄的收入根本无法承担父亲的医药费和家中几口人的口粮。百般无奈之下，父母用三百块大洋的价格将小竹君典入了青楼，但在签字时，他们却很坚持：只做卖唱的小先生。董竹君有很好的嗓音条件，又跟着京剧师傅学到了扎实的基本功，所以初一登台，就已名动四方。但她的内心却是愁苦的，孤高的品质和黑暗现实的对比让她每天都生活在水深火热的煎熬之中。1911年的辛亥革命彻底地葬送了统治中国千年的封建政权，但进步的背后也有着汹涌的暗流。不久，袁世凯篡夺了革命的果实并开始疯狂镇压革命党人。这样的局势下，革命活动被迫从台上转到了地下。为了逃避官兵的追捕，许多革命党人开始韬光养晦，将灯红酒绿的娱乐场所作为秘密活动的地点。时任四川省副都督的夏之时就这样走进了董竹君的视线。高大威猛的辛亥革命英雄和温柔美丽的天涯歌女毫无意外地相恋了，英雄美人的乱世爱情再次上演。1914年春末的一个深夜，董竹君再现了红拂夜奔的传奇，逃离了这个禁锢她灵魂的火坑。两周后，一袭白色婚纱的董竹君满心欢喜地嫁给了27岁的夏之时，那一年，她15岁。婚后，他们离开了上海，东渡日本，开始为二次革命做准备。也就是在日本的这段期间，董竹君学到了许多先进的知识和理念，她已不再是当年臭水浜旁的小丫头了。然而，现实与童话不同，灰姑娘的传奇大多以悲剧做结。谁曾料到，多年后，董竹君成为具有新思想的新女性，夏之时却退化成了彻头彻尾的旧时乡绅，横亘在两人间的差距越来越大，两人的传奇爱情最后竟以分道扬镳的结局而告终。

"一·二八"淞沪抗战是上海开埠以来最激荡的一段历史，同时，它也是董竹君人生的分界线。日军的炮火让她投资兴办的群益纱管厂化为灰烬，她又经历了下狱、离婚、痛失亲人的种种不幸。许多人以为她会就此倒下，然而生性坚韧的她从容地站了起来。1935年3月，董竹君创办的锦江川菜馆正式开业了。开业这一天，鞭炮齐鸣，人声鼎沸，就连当时上海滩上的头面人物杨虎和杜月笙也前来捧场。顺着这股势头，她将创新的做法带进了饭店的管理中，创造出口味独特的新式川菜。她敢于创新又长袖善舞，放在今日也是公关的好手，在当时更是举世闻名的女强人。可以说，上海滩上，没有董竹君，也就没有后来显赫于世的锦江饭店，更不会有锦江饭店的许多传奇了。董竹君拳拳的爱国之心也令人敬佩不已，她用自己的交际手腕同国民党与日寇周旋，保护了众多的革命党人和爱国志士。解放后，她有过被选为第七届全国政协委员的辉煌经历，也经历过"文革"黑暗的岁月。回顾往事，她没有激愤和骄傲，取而代之的是平和与矢志不渝的探索，她说：我从不因被曲解而改变初衷，不因冷落而怀疑信念，亦不因年迈而放慢脚步。

董竹君 98 岁的一生跨越了改朝换代、抗日战争、解放战争、"文革"和改革开放的种种变故，本身就是一部传奇。当你走进茫茫的竹海，那最苍翠最坚韧的一株便是她。因为了然，所以可以笑对人生。

王勉，中国作家协会会员，上海松江文联主席，《云间文艺》主编。

沉香屑

淳 子

上海的石库门生活，是一支狼毫小楷笔，替远行的张爱玲续写着她小说里的人物。

早上，后门一响，提着花书包出来的，是王佳芝（《色·戒》里的女主角），或者顾曼桢（《半生缘》女主角）了。

王佳芝顾曼桢家的客堂间里，大都有着一套、半套的红木家具。客堂的光线有点暗沉沉，太阳在窗台上探索着，总也进不来。三扇镜的梳妆桌上，双妹牌花露水天长日久，一直摆在那里，仿佛永远也用不完似的。

下午，客堂间，跟着隔壁留声机哼唱《四季调》，中规中矩地做着功课。那边厢，周璇的嗓子吊了上，这边厢的王佳芝顾曼桢也直直地跟了上去，一个八度，翻不过去，卡在小嗓子那里，硬是把眼泪也逼了出来。母亲端了绿豆汤进来，嗔怪："难听死了，快点不要唱了。"

我们是熟悉这样的母亲的。她便是《红玫瑰与白玫瑰》里的白玫瑰孟烟鹂，或者是红玫瑰娇蕊。不是那个和振保热恋的娇蕊，是那个在电车上带着孩子去看牙医的、做了母亲的娇蕊。

睡在亭子间的王佳芝顾曼桢听见三轮车在窗子下面停了下来。是父亲回来了。父亲自然是《红玫瑰与白玫瑰》里那个改好了的振保。

振保的家早就败掉了，但是跳舞的习惯却是改不掉。孟烟鹂怕男人在舞厅里与别的女人要好，很不情愿振保去那里。为了这件事情，经常闹得不开心。

振保上楼，孟烟鹂唧咕，振保的拖鞋的声。啪！收音机里的评弹断掉了，一阵吱吱拉拉，换频道，换成了舞曲，先是《蔷薇蔷薇处处开》，再下去是《夜上海》，再下去，王佳芝顾曼桢就睡了，睡梦里，花落无数。

保姆敲门，叫闺秀起床。这个保姆是比较坚强的祥林嫂。她没有死，她随鲁迅来了上海。她咚咚敲了几下，又慌慌张张地下楼去了。今朝买的荠菜，做馄饨的，捡起来很费时间的。王佳芝顾曼桢张开眼来，看着墙壁上的陈云裳的阴丹士林布旗袍的月份牌发呆。

每天都是一样的。振保坐电车上班，王佳芝顾曼桢走路去读书。春分的下午，孟烟鹂开了樟木箱，说要给王佳芝顾曼桢做一件丝绸旗袍。

做了衣服，母女三人在国泰电影院对面的照相馆拍照。这家照相馆是白俄开的，在上海滩上颇有地位。后来更名为人民照相馆。拍了照，时间还早，母女两代便去"老大昌"喝热可可。才坐下来，就见着了斜对角，一女子，一件织锦牡丹旗袍，一抿嘴，颊上一双酒窝。她是新新公司玻璃电台的主持人金娇丽，其丈夫是赫赫有名的作曲家陈歌辛。

以后的那些日子里，王佳芝顾曼桢走到哪里，便把陈歌辛的歌哼到哪里。这些歌，与照片一样，彼此都是岁月的一个标记，纪念碑似的，留在那里，抹也抹不去了。

新中国了。五十年代和六十年代出生的王佳芝顾曼桢依旧住在上海的弄堂里。

舞厅没有了，振保不再去跳舞了。很早回家，吃过饭，就坐在那里看书，孟烟鹂很是得意，忙不迭地沏茶、端瓜子。

有男同学参军去了朝鲜。回来，成了英雄，不过少了一条腿。一次，看罢电影《上甘岭》回来，王佳芝顾曼桢学着郭兰英唱"一条大河"，唱到高音处，吊在半空里，回不过来。又不觉想起了男同学的腿，径自感伤了一会儿。

振保依然坐电车去上班，孟烟鹂却很少坐在三轮车上去剪旗袍料子了。都穿列宁装了。孟烟鹂做了里委会的小组长。孟烟鹂工作积极，得了奖状，还发了两张《阿诗玛》的电影票。母女两代看了电影出来，王佳芝顾曼桢说："杨丽坤（阿诗玛的扮演者）比胡蝶好看，里面的歌也比周璇的好听。"

放学的路上，王佳芝顾曼桢在地摊上找到了《阿诗玛》的歌片"马铃儿响来玉鸟儿唱"，上面印着美丽的杨丽坤。女孩子把歌片夹在笔记本里。夹在笔记本里，还有偶像明星王心刚和王晓棠。

无论什么时代，上海的弄堂里，每个亭子间里，都有王佳芝顾曼桢在读书，在绣花；都有孟烟鹂在窃窃私语，谈着物价和自己的丈夫；每个厨房间里，都有祥林嫂在洗涮，在家长里短。

梅雨才过去，孟烟鹂急急地开了樟木箱来晒霉。呢的，绸的，织锦缎的，一块一块，披挂在箱盖上，比如无数的女子长空舞袖。不知怎的，孟烟鹂竟然有泪落了下来。

祥林嫂在厨房里剥蚕豆，准备用雪里蕻腌菜炒来吃。

王佳芝顾曼桢彼此相约着去太平桥吃油豆腐细粉汤。孟烟鹂从皮夹里数了两毛钱出来，关照道："省点用。"那个辰光，苏青还住在那里。监狱里放出来，坐在天井里面读托尔斯泰。

张爱玲说："苏青是——她的俗，常常有一种隽逸，譬如今年过年之前，她一时钱不凑手，性急慌忙在大雪中坐了辆黄包车，载了一车的书，各处兜售，书又掉下来了，《结婚十年》龙凤帖式的封面纷纷滚在雪中，那是一幅上品的图画。"

苏青家门前还有两棵柳树的。都没有了。苏青没有了，张爱玲没有了，太平桥也没有了。那里现在是"新天地"。

"光阴似箭……"，这是王佳芝顾曼桢每年作文的开头。

"文革"了。上山下乡。家里宽敞了许多，因为钢琴没有了。怕来抄家，三钱不值两钱的，提前卖掉了。平日里，女孩子最恨练琴了，但工人来搬琴的时候，却也晓得心痛了。

只是心痛而已。从来不记仇的。也无从记起。

顾曼桢去了农村，王佳芝留在上海，在里弄生产组里混日子。

振保更加地不出门了。孟烟鹂的左眼皮一跳一跳的，总怕有什么事发生。

日子过得小心翼翼。

七十年代后期，香港亲戚白流苏（《倾城之恋》女主角）带来一个比饭盒子大一点的录音机，还有邓丽君的盒带。拉上窗帘，偷偷地听。听得痴迷。顾曼桢返城回来，领一拨同学在家里跳交谊舞。母亲凭关系，买了一架9寸的黑白电视机，李谷一的《妹妹找哥泪花流》、郑绪岚的《牧羊曲》家喻户晓。

终于，王佳芝顾曼桢可以上大学，可以出国了。

央视"同一首歌"在国外的华人区演出。王佳芝或者顾曼桢坐在那里，那些做过的梦，唱过的歌，一一浮出记忆水面，只是那些爱过的人、那些时光再也无法回来了。

有多少东西是可以重新来过的呢？

上海的弄堂，到了夏天，爬山虎盘根错节，层层叠叠，包裹覆盖着整整的一面墙，翠绿翠绿的，如同一炉沉香屑，有无限情味在里面。趴在墙头的夹竹桃，粉红落花里，散落出一种细致和琐屑，和王佳芝顾曼桢眼角的细纹一样，爬了上来，留在那里，不走了。

淳子，中国作家协会会员、上海作家协会会员、国家一级文艺编辑。主要作品：《民国风雅》、《她的城，张爱玲地图》、《旗袍》、《口红》等，共计500万字。

美丽人生

时间去哪儿了

朱 蕊

有一段时间，林青霞林美人的60大寿，坊间好一阵热闹。大家看不懂，以她年届花甲的岁数，却引领美丽风潮，时光对她似乎特别宽厚，至少在外貌上很少雕琢她。在她身上，时间不作为。难道她是被时间豁免的吗？时间去哪儿了？

时间在的呀，你看，早晨，太阳在东面的窗口露脸，笃笃笃，敲窗户，起来啦！一会会，太阳跑到南面窗户探头探脑。快点快点，趁太阳在时间在，赶紧将被子捧到阳台上去晒。当太阳到西面窗口张望的时候，要记得将被子收进来。那时，被子变得蓬松柔软，上面留下了时间——阳光的味道，时间清清楚楚写在被子上呢，也写入我们的嗅觉，我们分明闻见了滴滴哒哒的时间。

时间滴滴哒哒走着，煤气上煨着的羊肉也散发出浓烈的香味。这样的时刻实施穿越最好。一切静好，暂时心无挂碍。我跟着蒲松龄先到清朝去会儿。恰好就看到了"某显者"，他怎么和几百年以后的当代"显者"一样"多为不道"？还好他的夫人比较清醒，"每以果报劝谏之"，但他"殊不听信"。后来遇上一个能知人禄数的方士，方士久久看着他然后说"君再食米二十石、面四十石，天禄乃尽。"回来他就算开了，一个人一年只需要吃二石面，还有二十多年的天禄，怕什么？于是"横如故"。但不久，他即得病，必须得不断吃东西，吃得再多都饿，以致"一昼夜十余餐"。不到一年，他的天禄吃完，结束。为人一世，草木一秋，吃饭是有定数的？也听说有些长寿老人每餐只吃七分饱，从不暴饮暴食，是知所珍惜的意思，省着点慢慢吃？无论如何，总是天数咯？但每人到底几何，不遇到方士是不可获知的，也是天机不可泄露。

不过，一般说来，每个人的大致时间是有的，经计算，似乎是约等于三万天。这三万天时间你无论用与不用，或者如何用，都和你无关，它管自己滴滴哒哒走着。比如刚才，为了现在香气四溢的羊肉，我花了不少时间。你看，先将羊肉冲洗干净，放在大盆中，用清水浸泡半小时，期间换水两三次，泡出羊肉中的血水，洗净沥干备用。然后锅中放清水，羊肉冷水下锅，中大火煮开后，小火又煮五分钟。焯水后捞出羊肉冲洗干净，沥干。再然后青蒜切段姜拍碎，葱打结，大蒜、香叶、大料、桂皮和花椒放入茶包袋装好。炒锅内放油烧热，爆香葱姜蒜红尖椒，倒入羊肉煸炒出香味。加水，加料酒，加老抽生抽，放入香料包，放入冰糖、几颗红枣，翻匀煮开，将羊肉盛入砂锅小火煨。现在我就是在等羊肉酥烂入味的时间里，偶尔穿越开个小差。等会儿羊肉酥烂了，才可开盖转大火收浓汤汁，撒上青蒜叶，盖上锅盖焖一分钟，再开盖出锅。一连串，写着都嫌啰嗦，做时更烦，还有，不断洗锅子，你看，才做一个羊肉就用到那么多器皿，大盆（浸泡羊肉），锅子（焯水），炒锅，砂锅。当忙忙碌碌的时候，时间正在离开，我的时间正伴着羊肉香四处飘散呢。

时间就是这样流逝的。朱自清早就说了"洗手的时候，日子从水盆里过去；吃饭的时候，日子从饭碗里过去；默默时，便从凝然的双眼前过去。我觉察他去的匆匆了，伸出手遮挽时，他又从遮挽着的手边过去，天黑时，我躺在床上，他便伶伶俐俐地从我身上跨过，从我脚边飞去了。等我睁开眼和太阳再见，这算又溜走了一日。"

有人说，只有时间这个资源是每个人都平等拥有的，不管富人穷人，不管身份地位，每人一天都是二十四小时。是的，看似有理。但这二十四小时用来做什么可就是千差万别了。经常坐在酒桌前的必定三高，总是去健身房的多半矫健；还有大多数人无可奈何应付生活，不知怎样才能驾驭时间。

而所有事物的背后，都是时间。

一道菜是时间，一款精致的点心是时间，一个干净的房间是时间，一尘不染的窗户，漂亮的窗帘，暖暖的被子也是时间；茶，咖啡，水果，凡是所需，哪样不是时间呢？时间去哪儿了？时间去了一切可以去的地方。

　　想一想，即使一只干干净净热热乎乎从消毒柜里拿出来的碗也是耗费了时间和精神的，那么一个美人，要让年华不显山露水，要让自己干干净净漂漂亮亮的，那得花多少时间打理，永不懈怠？因而，我向努力美丽的人们致敬。

　　朱蕊，上海人。供职于上海《解放日报》。中国作家协会会员；中国散文学会会员；上海作家协会散文报告文学专业创作委员会副主任；上海诗词学会理事。出版散文集多种。

上海的日子

滕肖澜

记得很多人都问过我一个问题："在上海写作，是不是很困难？"因为他们觉得这座城市太丰富多彩了，以至于难以静下心来写作。其实我倒认为在上海写作，并不会比别的城市要难。上海的光鲜与美艳，是从旁人的眼睛里看见的，而身在其中的人，往往感觉不到，是"灯下黑"。上海只是个普通度日的地方，与别处并无不同。有时候，人们想象中的事物，与真实的事物会有很大偏差。比如，上海的女孩。

都说上海的女孩"作"。"作"这个字，好像就是为上海女孩而创造的。可奇怪的是，从小到大，在我身边几乎没见过几个很"作"的女孩子。上海女孩还有"爱打扮"的恶名。可事实是，马路上那些花枝招展过了头的，或是粗声大气呼喝男友的，十有八九都不是上海女孩。土生土长的上海姑娘，行事做人都是往里收的，低调、慎言。就像化妆的最高境界是"裸妆"，化了像没化。力气用是用的，却不露在面上。这道理，每个上海女孩都是无师自通。所以，外界流传颇广的"上海丈母娘"形象，身穿睡衣，头上顶着无数小卷卷，在弄堂口搓麻将，每句话都拖着长长的夸张的尾音，"做啥啦"、"好不啦"——自然也待考证。"上海丈母娘"年轻时都是"上海女孩"，一脉相承的血系，断不致如此。

又比如，都说上海的青年作者喜欢写"纸醉金迷的都市生活"，可我看来，这样的作者不是没有，可占的比例实在太少。我认识的绝大部分的上海青年作者，写的东西都很接地气，也很勤恳踏实。

想象中的"上海"，还有"上海人"，往往与真实情况大相径庭。

所以，有两个"上海"同时存在——想象中的"上海"；真实的"上海"。

有趣的是，想象中的"上海"，往往比真实的"上海"更有上海味道。因为真实的"上海"太没有特色了，她和所有的一线城市一样，外来人口多过本地人口，快节奏的生活，朝九晚五的作息，拥挤的交通，高昂的物价……如果大家不开口说话，你根本很难区分，哪个是北京，哪个是上海，哪个是广州。

因此许多时候，人们更愿意相信，那个想象中的上海，才是真的上海。很"作"的上海女孩、犀利可怕的上海丈母娘、怕老婆的上海男人，逼仄的叫卖着大饼油条的弄堂口，黄浦江里轮渡的汽笛声，外滩林立的欧式建筑……好长一串标志性的元素，构成了上海的扼要。很"上海"的上海。

而那个真正的上海，不怎么"上海"的上海，更多时候是藏在人们心里，垫在最下面那层，实打实的，成了那个"底"。倒有些心照不宣的意思。就算没人提起，依然在那里，稳稳当当的——上海的美，不事张扬由内及外，上海的好，像江南空气里蕴含的水分那样温润、养人。她不是许多人想象中的那么浮华、遍地黄金，但也绝不是只有亭子间和小弄堂；她或许有这样那样的不足，但毫无疑问，她是真诚的、温暖的；掀开她表面那层饴纸，底下是细致入微的肌理，五味杂陈的口感；活在这片土地上的人们，因为谨慎、自律，许多时候小心得过了头，但绝不是那种各人自扫门前雪的冷漠，更不是那个被笑话了几十年的有些狼狈的小男人形象。相反的，她是那么的勤恳、宽厚和坚忍。

上海的日子，并不是许多人想象的那般光鲜亮丽，而是再实在不过的，人们日出而作日落而息，撒下的是汗水和心思，收获的是平安和尊严——上海人的日子，过得踏实坚韧而又生机勃勃。

滕肖澜，中国作家协会全委会委员，上海市作协理事、专业作家。2001 年起写作，在《人民文学》、《收获》、《十月》、《钟山》、《上海文学》等杂志发表小说两百余万字。作品有小说集《十朵玫瑰》、《这无法无天的爱》、《大城小恋》、《星空下跳舞的女人》、《规则人生》等。

道是遥远却在眼前

许 平

看到《上海女声》的稿约信，蹦出的是 105 岁的罗洪和 94 岁的秦怡。

窃以为，既称上海女声，必经上海岁月的洗涤而留成。

流传的典范性，独特的世界观，深厚的内涵，特殊的影响，给我们打下印记，隐藏在我们深层的记忆中，潜移默化地为我们的生存状态发生作用。而我们以为懂得，但有一天当我们走近她们，却发现她们有着很多意想不到的价值和永不衰落的意义。

罗洪在 2002 年的秋天告诉我很多发生在二十世纪三十年代她和上海文坛的那些事：和丰子恺、巴金、萧珊、施蛰存、赵家璧、赵景深等文化名人交往；1935 年出版第一部短篇小说集《腐鼠集》，1937 年出版第一部长篇小说《春王正月》；创作激情最高、写作欲望最旺、笔耕成果最多的时候是抗战期间，在茅盾巴金戴望舒柯灵主编的刊物上发了很多文章……

我用了她一点点故事，前后写下两篇报告文学。她看后若有所思又自言自语地说："不晓得三马路上的那个孟渊旅馆还在不在，现在叫啥名字？"

忘了谁这么说：怀念不仅仅为了回忆。从过去的岁月里撷取美丽的片段，她关乎的，其实就是一种生活姿态。

三十年代的上海有条马路叫三马路有个旅馆叫孟渊，罗洪和朱雯就在孟渊旅馆举办的婚礼。我看过罗洪那时的照片，旗袍，卷发，温柔，知性。

三十年代的上海已经开始和国际接轨，她有了一个名字叫东方夜巴黎，模拟好莱坞，她诞生了一批电影明星，秦怡是之一。

这个 3 月我陪秦怡去青岛参加《铁道游击队》的复拍仪式。

1956 年版电影《铁道游击队》的芳林嫂和《铁道游击队》有着不了情。近 60 年后的这天，"芳林嫂"在仪式上回忆与《铁道游击队》有关的故事，情绪始终饱满，笑容始终动人，她的优雅端庄和婉约，我想不出更美的词儿形容。

谁也想不到三天前她还住在华东医院。医生叮嘱她少走路少受累不激动不兴奋，明明知道做不到，但她还是登上了飞往青岛的舷梯。

那天她没进过食。二十世纪六十年代中期的直肠癌手术，让她有了腹泻的毛病。"由于这个病，所以一有活动要出门我就不敢吃东西，上午的活动就不吃早餐，下午的就不吃午饭，晚上的就不吃晚饭。一天不吃也是常有的事。习惯了。"

但即便这样，她还是以她不可复制的美丽出现在了仪式现场。

流年如风，曾经活跃在二十世纪三十年代上海滩的作家和演员大多已随风而去。罗洪在，秦怡在。罗洪在百岁之年重版《恋人书简》、新创并发表了小说《磨砺》，秦怡 93 岁这年扎在海拔三千多米的高原上、耗时几个月拍完自己编演的电影《青海湖畔》。不止上海滩惊叹：中国文学界和演艺界，无此先例。

罗洪在 2014 年 2 月摔了一跤，卧床一年后，105 岁的她竟能起身扶着床沿走上几步。2015 春节前我去看她，为她竖起大拇指，感慨她又给上海创下一个奇迹。她笑笑说："老早子吃过交关苦头，所以这眼眼苦头不算啥。"

我问她老早子的事体可还记得？她点点头。我说比如钱钟书说你"真奇才"，赵景深说你是"真正的小说家"，赵家璧说你"不写自己不写儿童妇女不写家庭琐事是大手笔"，还有你的乡人施蛰存说你"理智控制着热情，冷静的观察代替了浪漫的幻想。她的小说之所以成为一种几乎接近自然主义的现实主义，正好说明了'文如其人'这一条古今中外的文学原理"，这些你都能记得？她想了一会这么回答我："伊拉讲的有些也不一定对。冰心、庐隐她们发表作品比我早，包括白薇，我蛮尊重她们的。我是晚辈。认为我的小说比冰心等人好一点，我不赞同。我写作时间不短，但质量太差，交关惭愧。"

这次因为《铁道游击队》，我和秦怡朝夕相处整整两天，随时可见她举手投足之间的精致和谦逊。为仪式上的服装，她问我："穿红色可好？红色好看又能添喜气是不是？"换羊毛衣之前，她会先用一方丝巾罩着头发，然后将丝巾的四个角打成结，她告诉我："这样做，免得搜乱了发型。"无论在电梯里还是过道上，每次遇到影迷，哪怕是服务员，她也总是微笑着说"谢谢"；谁请她签名，她总是和颜悦色地说"好的"。

从没听她说过一次"我当年怎么样怎么样""阿拉上海人怎么样怎么样"，她只说："当年由于很多客观原因的限制，我在塑造芳林嫂方面有不少遗憾，现在终于有人能够替我去弥补了，我感到很欣慰。"《铁道游击队》复拍请她担任艺术顾问，晚上她在屋里来回踱步，带着几分顾虑地问我："我能做什么呢？现在电影的拍摄技术和我们那时大不一样，我不懂的呀。但这是为抗战胜利70年而拍的，有意义，让我想起早年为抗战演的那些戏，觉得我应该做点什么才是。"

当年因为崇尚以文学和电影推动天地人心的进步，所以选择了文学和电影，而成了新女性；战火纷飞的时候，把国家的命运、国民的命运视为自己创作的生命，至今，横跨两个世纪……这就是为什么我看到《上海女声》的稿约信，没有更多的思量和犹豫，就蹦出罗洪和秦怡的主要原因。

十里洋场纸醉金迷乱世动荡孤岛岁月，石库门留声机大世界黄包车萨克斯，还有数不清的成就与光环，道不尽的坎坷与苦难，唯有经过这些的女人，才能拥有霓虹灯般的斑斓和钻石般的坚强，才能精彩地活着慢慢地老。

说这话是不是有点任性？道是遥远，却在眼前。罗洪和秦怡是上海这座城市精雕细琢了百年的骄傲，这骄傲，是上海女人的绝佳名片，而被上海永远宠爱。

许平，中国作家协会会员、上海作家协会会员。

美丽人生

鲤鱼洲的上海女知青

朱大建

我 17 岁就上山下乡，去了江西鄱阳湖畔的鲤鱼洲，那时叫江西生产建设兵团九团，一个在湖边围垦出来的荒洲。上海静安区、黄浦区的 69 届知青中，有 2800 人去了鲤鱼洲，1400 名男生，1400 名女生，仿佛就像配好对似的。这一大批上海女知青的到来，就像是荒洲上飞来大群的花蝴蝶，就像是荒洲上盛开了映山红，荒洲变得色彩缤纷！尽管那是一个穿衣服辨不清男女的年代，衣服要么是蓝色要么是灰色。但上海女知青是聪明的，剪裁合身的蓝灰衣裤，再添一个花领子，脖子上围一个花围巾，雪花膏将脸擦得雪雪白香喷喷。凹凸有致的身段，袅袅婷婷的脚步，细细柔柔的声音，女性的妩媚立马显现。我们的指导员是个军人，他一直在批评上海女知青的"小资情调"，却挡不住"小资情调"的蔓延、传播。荒洲上女人的衣着打扮，渐渐地都在向上海女知青看齐。

上海女知青的爱干净也到了极致。每天收工回来，一身泥一身臭汗，又累又饿，我们男知青的顺序是吃饭，洗脸洗脚，休息。上海女知青的顺序是，清洗自己，洗衣服，吃饭，休息。她们的理由是，身上脏兮兮的没有胃口。干净，对她们来说，是第一位的最要紧的。

我们连队有一个铁姑娘班，几乎全是上海女知青。成立的理由，是要学习大寨的铁姑娘精神，男人能做的事女人也能做。这些铁姑娘果然好样的，除了力气小一点，担子挑的轻一点，一般农活不输男知青。插秧、拔秧等巧手活，比男人更强。干农活时，女人头上戴着草帽，肩上戴着护肩，挑着担子，几乎分不清哪个是男哪个是女，但一到休息天，女人的本性立马显露，脸上擦得喷香、身上打扮得山清水秀之外，还喜欢烧烧私房菜。一只只煤油炉点起来，从上海带来的咸肉割下一块，到田头去采一点野菜——野生的藜蒿，弃叶剥皮，只要嫩茎。炒菜时，野菜的鲜味在连队的上空蔓延。有时候，去采买一些鱼虾黄鳝，烧得喷喷香，让我等男知青馋煞馋煞。她们真会享受生活啊。有些上海男女知青谈起恋爱后，煤油炉经常是烧得旺旺的，小日子过得很和美。连队大食堂的大铁锅里，常常烧的是咬也咬不动的老蕹菜，我们称之为"无缝钢管"，要么是老韭菜，或者辣椒炒冬瓜皮，难以下咽。而一个单身汉有一位上海女知青做女朋友，生活品质马上就得到提升，到了星期天，点上煤油炉，就有私房菜吃了。

上海女知青，在我们军垦农场，身价是很高的。尤其是别的地方的知青或老知青，找到上海女知青做女朋友，是一件很值得炫耀的事情。我们排长是南昌知青，长得很威猛，是个壮劳力，他追到一个嗲嗲的弱弱的上海女知青做女朋友后，人也变得文雅起来，本来一身浓烈的男人汗臭味闻不到了，他变得爱干净，每天睡觉之前都要洗脸洗脚外带擦身。他的小兄弟们嘲笑他怎么变得像个女人？他却炫耀地说，他的女朋友逼他这么做，再臭烘烘脏兮兮就不要他了，还劝小兄弟们爱清洁，就容易找到上海女知青做老婆。排长在我们男知青面前凶声恶气，像只老虎，但在他的女朋友面前却乖得像只猫。两人一吵架，排长马上就自我解嘲，说着"好男不和女斗"的话逃走了。嗲嗲的弱弱的女友很有办法，硬是将桀骜不驯的一匹野马似的排长管得服服帖帖。这其实是一种爱的能力。

有一个上海女知青命运悲惨，但她的应对方式让人感叹。有一年鄱阳湖发大洪水，知青都转移到大堤上住，连队只留下少数后勤人员。这位上海女知青是留守的，一长排的房子只住她一个人。有一天半夜，一只粗暴的手在她的身上贪婪地抚摸。她从熟睡中惊醒，睁开眼发现是新调来的地方干部指导员。她吓傻了，喊也不敢喊，动也不敢动，含悲忍辱。指导员走后，她愤怒地爬起来擦草席，仿佛想把这污辱擦干净，一边擦席子，一边想好了她今后的人生道路走向。她让亲友为她在南昌市找了一个男友。男友有残疾，脚有点跛，她也不嫌弃，很快办好调离鲤鱼洲的手续。人走后，写回一封举报信，让这个禽兽指导员受到了撤职交群众监督劳动的惩罚。这个惩罚现在看来显然太轻，但这个女知青在面临人生灾难时的理性和坚韧，让我敬佩。上海女知青是柔弱的，但这柔弱中的坚韧，就像一根长绳，能够缚住粗暴野蛮，有着柔弱胜刚强的力量。

鲤鱼洲的上海女知青，不是天上掉下来的，不是来自外星球的，她们来自上海，她们身上的特质——爱美会打扮，勤劳爱干净，贤惠会享受生活，精致能提高生活品质，会发嗲有爱的能力，柔弱中有着惊人的坚韧，这些鲜明的女性特征，是她们的妈妈、外婆、奶奶们长年累月潜移默化地传授给她们的，也是在她们的爸爸、爷爷、外公、男友的支持、鼓励、赞许、协助甚至纵容下形成的。岁月如梭，她们如今已成了奶奶、外婆，她们也会将她们身上的女性特质传给自己的女儿、孙女、外孙女。文化就是这么代代传承的。

朱大建，中国作协会员，上海作协理事，《新民晚报》原副总编辑。

务实人生的美丽

孙小琪

五十多年没见面的小学同学，一旦相逢，会止不住左右端详，辨认历史，也辨认自己。半个世纪前的朝气蓬勃天真烂漫，岁月是否拭抹殆尽？

她出现在面前的时候，笑盈盈，笑哈哈，爽朗如过去生产队铁姑娘，如企业里的工会干部。风风火火，开开心心。还真是这样！她下过乡，因为和一个女同学要好，女同学要去农村插队落户，她当然也要去。艰苦奋斗若干年，招工去了地区城市，在那里认识了后来的丈夫，也是上海知青。他们恩爱，有了儿

子。儿子刚上小学的时候，有一次丈夫出差，遇车祸，就此从她生活里消失了。她舍不下舍不下啊！上海的亲人也舍不下，说你回来吧，这里也是你的家。她作为特困户回到上海，带着幼小的儿子，重新开始打拼。燕子衔泥垒窝，十几年过去，在大上海的土地上，她成了一家中等规模单位的工会主席。她给自己买了一套住房。儿子大学毕业，有了稳定的工作，将要或已经恋爱，以后会结婚，生孩子……这一切，每天都让她心里充实而愉悦。下乡那些艰难岁月，远去了，和丈夫相亲相爱的日子，却常常还近在眼前。她心里还是他，没有别的空间。那就这样过吧，他一定也希望她好好的。重新回到生她养她的故土，上海的闹腾和变化，都是宝贵的。退休后，她讲究养生，减肥，每一样都卓有成效，每一天都容光焕发，步履轻盈。走过百货公司服装柜台边上的穿衣镜，短上衣，长裤子，站得挺挺的。和当年的小伙伴相聚，她义不容辞承担当年小班长的职责。聚餐，忆旧，郊游。有谁病了，家里老人去世或是遭意外，她招呼着去慰问，哪怕一个问

候的电话。活到这把年纪，钱财富贵，真不是第一位了。老友相逢，也会说说各种资讯，各种飞在天上的不知真假的消息。她相信正能量。当年戴红领巾时，臂上配的是三道杠，少先队的大队长，这一生，她习惯先把自己手里的事做好，她要对得起这座生养她的城市，对得起她无比热爱的上海。若要把上海女人勾勒出大致形象，她的一颦一笑，般配的。

也是在我插队县城务农的上海知青，一个壮实的小伙，知青大返城的时候他回来了。当时他已在干活时感觉力不从心，他的腿开始萎缩，回上海的新生活是伴着不可逆的病情一起开始的。照顾他的，是母亲，一位长期生活在上海的职业女性。儿子去农村插队落户当农民，在那个穷得一年到头分不到一分钱现金吃不到几餐白面的地方生活，母亲思念，节衣缩食地接济；儿子病着回到上海，母亲立即担负起照护和竭力帮助儿子的一切。这一程，走了三十七年。三十七年的漫漫时光，从开始的腿脚不便，渐渐发展到四肢瘫痪，除了一脑袋灵活的思维，一举一动都需要人帮忙，各种疾病接踵而至。眼见着壮实高大的儿子不再能料理自己的生活，最微小的需要都必须借助他人的帮助，母亲的心会怎样煎熬?！在漫长的无法乐观的时光隧道里，母亲含辛茹苦，以她有限的退休工资，一天天安排筹划，照护儿子做各种体能锻炼，看着他一次次跌倒爬起，从不轻言放弃。日常的求医问药，伺候吃喝拉撒，一样不少。儿子曾有远大志向，即使躺倒了仍在努力，写作，阅读，研究历史和金融，尽管大多以失败告终，这些追求和向往却使身躯被囚禁被病痛折磨的过程，变得不那么不堪忍受，让他的灵魂寻找到新的栖息地。母亲懂得这些，总是千方百计满足，哪怕在儿子情绪失控的时候，忍耐着，撑持着……直到最后几年。去年，母亲辞世，享年91岁。清明时节，我和几位当年知青一起去看望，那个两代人与命运抗争的双居室，收拾得干净整洁，保姆还是母亲在世时的。我们聊当年乡下的一切，依然谈笑，他保持了健康的心态，甚至对知青文化的思考和研究，也是与时俱进的。我想象母亲在这屋里几十年的辛劳，仿佛她的气息还留在空气里……

最后一个故事，是一位外省来的80后，我认识她的时候，她在一个外企做部门经理。交谈中得知，她甚至没有像样的学历。幼时在西部农村老家，每天帮父母下地干活、带弟妹，贫穷和拮据如影随形。稍大些，家里送她去县城亲戚家帮忙做家务，在那里，她看到了另外的生活，她说当时心里就下了决心，这辈子一定也要过上这样的生活，上班，领工资。几年里，她随村里姐妹一起去深圳打工，每一点空余时间每一点保证温饱以外剩余的钱，都用来参加各种培训。就这样，她学会了很多办公室工作必需的知识和本领，也一次又一次遇到机会改变工作岗位。直到十多年前到了上海，遇到和自己一样赤手空拳到上海打拼的老乡，成家，生子，在城市边缘买了房子和车子，成为真正的新上海人。她告诉我，在上海像她这样的上海人有很多。她又说，当初和她一起去深圳打工的姐妹，大多数还在那里打工。她注视这座城市的目光是自信的。那自信会使我想起我的长辈们当初如何来上海的情景。

我讲了以上三个上海女人的故事，在上海，这样的故事也许很多，多到没有人会关注。她们曾为这个城市挥汗如雨，历经艰辛，也曾被命运引领，遭遇意想不到的残酷打击，但她们稳稳地站住了，一步一步走出属于自己的坚实脚印。

她们都是务实的。务实，成就了上海的璀璨，也成就了上海女人自己的人生。她们的人生音符，是这个城市交响里不可或缺的，哪怕再微小。

孙小琪，1951 年生于上海。去安徽农村插队务农七年。复旦大学中文系学习、任教数年。曾任上海现代家庭杂志社社长、总编辑，第十二届上海市妇女联合会兼职副主席、编审。中国作家协会会员。出版散文随笔集《心向远方》、《不曾出了轨道》。

回　来

孙　未

他说即将又要远行，日子就定在 10 月 28 日，孤身进入深山拍摄，又是无音无讯的几个月。于是，我吵着闹着要去为他送行。他说，好吧，27 日中午等你午餐。

买了 26 日晚上的火车票，12 个小时的行程，1643 公里，去赴一顿送行的午餐。这是他的城市和我的城市之间的距离。

他居住的北京，我无数次去过，都是公事出差，从飞机到酒店，不及看见风景，倒是每次都酩酊而归。有一次酒精中毒，是参加建国五十周年电视节目学术研讨会，和北京电视台新闻评论部的几位同道喝的。

我居住的上海，他也来过，也是工作，猫在晚会现场导演着，不分昼夜。临上机前，家人电话他带一瓶醉蟹回去，我却只能为他在机场超市找到一罐黄泥螺。

我们匆匆忙忙，工作似乎是往来彼此城市的唯一理由。一夜的车程并不遥远，我们却已经有半年未见。

晨曦中的北京站，干燥冰冷的空气扑面而来，灰蒙蒙的天空很高，风从远处而来。穿过凌乱的人群，我直奔后海，因他说一早会在那里拍摄。

经过鼓楼和雍和宫，经过方正的高楼大厦和铺着燕瓦的老屋旧垣，出租车一路在北京清晨的空气中飞驰，还没到堵车的时候。

等在后海的银锭桥边，他扛着摄像机和三角架，从古老的胡同里出现，一脸络腮胡子，有些消瘦，眼睛很明亮。他没有向我问候，而是呵呵笑着，问身边正和我搭话的人力车夫，今天生意怎样。

他带着我走在窄而曲折的胡同里。他和许多路过的人打招呼，说笑几句，熟悉而自然，这部关于后海的纪录片已经拍了一年多了吧，这里的每一家人，他都认得。他跟孩子们打趣，逗着小狗玩。他在这里或那里拍摄。

拍摄时，他是静默的，一遍又一遍，不想停下来的样子。

屋檐下，被他称作"四哥"的一家人，正在张罗着换一扇新的门框，锯子下木屑飞扬，锤子敲击得叮当响，门槛前拴着的小狗有些惊惶。忽而，四哥说，啊呀，要做午饭了。

这就是他选择拍摄的世界，后海这片还有百姓们居住着的胡同。其他的地方，沿着什刹海，都已经被改建成了酒吧街，和反映城市面貌的展示景点。很快的，这些过往也会渐渐消失，伴随着这些亲切的居民，和日复一日平静琐碎的生活。

他的这部纪录片叫做《海那边》，是记录后海这片老北京们的生活卷轴。

记得他还有一部《墙那边》，记录的是原本生活在明城墙下的百姓们的生活，百多年的岁月，浓重的回忆。一夜之间，明城墙遗址改建了，他们离开了，小小的世界和无数熟悉的面孔，消失无踪，仿佛从来没有存在过。

城市现代化的脚步，正在吞噬他热爱的世界的宁静。城市要求人们按游戏规则去生活，这种规则就是效率和目的。

他曾说，他就像一颗野麦子的种子，却种在了月季园里。他总有着深深的寂寞。

他拍摄的许多作品，都是他自己的愿望，不为了任何单位，任何金钱。就我知道的，他的《墙那边》入选了德国青年短片影展，《海那边》是入选了韩国全州国际电影节纪录片影展，还有不少。这些，他从不愿跟人提起。

饶是这样，还总是有很多人以为，他这样埋头于无功无利的拍摄，一定是在酝酿着什么大的目的。他当笑话说给我听的，却掩不住他的困扰。

美丽人生

北京，这样雍容而自由的城市，因着越来越盛的功利的浮躁，令他感到如此孤单和不容。

拍摄间隙，稍歇，他说因为明天要走，准备了些钱，给广化寺门口的乞丐送去。他匆匆离开，留下我和一堆摄像设备在原地。

突然有一种不祥的预感，这次远行，他可能是不会再回来了。

四面都是窄而长的胡同，弯弯曲曲，看不到尽头，站在交叉路口，我忽而满心的迷惘。

近些年，他常常去到深山里拍摄，冒险去到人迹罕至的地方，记录那边的山歌、民俗、人和故事。一开始，也许只为记录，渐渐的，远离城市，让他有一种逃避和释放。

他这次要远行的地方，叫做木里，在四川和云南交界地方的一个藏族自治县，没有公路交通，没有手机信号，没有详细的地图。据说是一个山明水秀的天堂，却是更加路途凶险。他一直念叨着要去，我劝不住，现今终于要去了。

真的不记得我们午餐吃了什么了，这顿走了 1643 公里，特地来吃的午餐。

他说，他有两个拍摄纪录片的亲密战友，在广西拍摄时，先后去了，都是他，去把他们的遗骸带回来。他说，马革裹尸，就是纪录片人的宿命。

我很气，说，你是不是也想不回来了。

下午和晚上，还是拍摄。他像一个热忱的孩子，走在后海的每个角落，寻找着每一个动人的细节。他又像一个从此远离的游子，依恋着这方世界，拍了又拍，似乎一天内，要拍尽所有的镜头。

气温骤降，天寒地冻，夜的黑落了下来。

记得那天夜里的月亮很圆，他说，明天更圆，因为是十五。明天，就是他启程的日子。

他曾劝我别来北京送他，何苦相聚只为分离。我答，所有相聚之后，都有分离，只要相遇过，就有意义。分离迫近，说得最多的两个字是，回来。

后海沿岸的灯火点起来了，一片片的水上楼阁，在水中投下流光飞舞。他如此凝神地摄着这些水中的光影，屏息静气，忽而哪个调皮的孩子扔了一个石子，那片流光倏然如烟花般碎了，散了。

他走了，北京这个城市空了。

故宫的朱墙金瓦，翠色画栋，玉色栏杆。长安街的暮色夕阳，车成长龙。成贤街的柏浓书香，午后，胡同深处闲闲的阳光。

他曾站在雍和宫桥头，听见屋宇间第一声燕子的叫声，告诉我何谓呢喃。他曾跟我说起胡同里的老北京饭馆，吵吵嚷嚷，很江湖的感觉。

夜了，不觉中又走回后海。

总觉得灯火间，应还有他时走时停，爬高蹲低地在不懈拍摄。

记得看着他拍摄的那一天，依稀中忆起了我的年轻时。

曾经有整整 6 年的时间，我也是这样狂热地每天拍摄，剪辑，为着自己理想的影像。我曾经那么渴望用影像描摹自己眼中的世界，讲述自己对于这个世界的感受。但是，很多作品最终变成了内参，存在哪一个阴冷的档案室里，从来没有播出过。剩下的，被每一级领导都改过一遍，五六遍的修改后，我不再认识自己用身心分娩的这些孩子。

我曾经努力地去讲述百姓们的甘苦，忙这忙那地为一些受伤害的人，做一些拍摄分外的事。天真，是身边所有人对我的评价，永远做不到的世故。

曾经挣扎在上海的实际精神的包围中，不愿走入所谓商业的主流中。

有一度，打算着去到北京生活，因为向往着中央电视台评论节目的大胆淋漓，还有到北京电影学院学习的梦想。总觉得，北京的空气中充满了理想的气息。走遍了一张地图才愿意勇敢承认，理想不在任何一个地名里，理想是在我们心里的。

夜晚的北京火车站，雾霭中正红的站名，钟声在空中回荡。

一夜之间，又是上海站的清晨，这个忙碌的城市，一天的熙熙攘攘正在醒来。

此刻的他，也许已经放足山青花艳的山野。而我，回到 1643 公里之外我的城市里，在上海这个弥漫着布尔乔亚空气的城市一角，继续用文字讲述我的热爱，并且安静地等待。

等待这个北京的孩子，终于有一天，从容地带着他的理想，回来。

孙未，上海市作家协会专业作家。

一个母亲的情怀

殷慧芬

和你做朋友是很偶然的事。当初是在南汇护理院见到你的患了不治之症的儿子，看到这个 16 岁的少年在病魔折磨下的惨状，无奈的悲哀紧紧攥住了我的心。或许因为我也是母亲，我对你的儿子生出深深的同情和爱怜。

在医生的热心介绍下我认识了你，一个温柔端庄的中学教师。当时你正在替你的儿子洗涤衣服，大冷的天你湿着双手，你善解人意地坚持没握我的手。你留给了我善良美好的印象。

我们后来就有了联系，我到你简陋的住房来看过你，我们在那里倾心相谈。我知道了你结婚 16 年来走过的人生：婚后不久你的丈夫就患了绝症，可怕的是这样的绝症又竟然遗传给了你的儿子。你在这样的打击下保持了你的活泼、热情和忠诚。作为一个老三届的高中生，你身上既有传统女性的美德也有知识妇女的典雅。绝望中你没有放弃对你儿子的教育，你一刻也没背弃过你的儿子，你在精心护理他的同时让他懂得音乐、文学，假期里千方百计和他一起外出度假，品尝人生的欢乐。你因此而承受的艰难和困苦是常人所难以想象的。在艰难的日子里，为了支付儿子昂贵的医疗费，你课外兼课，放弃了所有的星期天。你甚至拒绝了一些好心人的善举。你从来没让你儿子受过一丝委屈，你却对自己苛刻又苛刻，16 年来你穿的大多还是新婚时添置的衣服。你在维护自信和矜持的同时你也在考验自己的勇气。你在苦难中升华了自己的人格。作为母亲，你是值得你儿子骄傲的。你更没有背弃三尺讲台和你的学生，你几次被评为红旗手和优秀教师，你的业绩赢得了你的同事和同学们的尊重。

那天说话之间有两个少年先后走进你的陋室，满怀喜悦地告诉你他们会考的成绩，然后又匆匆离去。他们和你的儿子年龄相仿。你于是又深情地说到了你的学生。你情深意厚，能说出很多他们的故事，你说孩子们也给了你很多的慰藉。你说到你的45岁的生日，那天你意外地收到同事们和孩子们送的数不清的贺卡、鲜花，你由此而触摸到了周围人们的爱心。你说这些的时候你哭了。

新年伊始，又收到你的信，你说你的儿子病情日趋严重，医生已经向你暗示，你说你愿意让他走，以解脱他的痛苦，但又不忍心看他走，看他走得这么早这么残忍。字里行间渗透了一个母亲的万千柔肠和斑斑泪痕。可怜的孩子。朋友，我和你同哭！我给你回信：

"在你儿子短暂的痛苦的人生中并非没有幸福的瞬间。你给我看过很多他的照片，他偎在你怀里笑，他戴着耳机听着歌笑，他沐浴着你的爱、你的照护。我想，即便是有一天他果然不在人世了，他的心不会死。满载着爱的心是不会死的。

"你再假想，假想他是个健康的孩子，他以后到了社会上，要经历失恋、事业受挫、生离死别等等的磨难，要面对很多的丑恶，有一天他会扎在你的怀里哭着说，妈妈，我不想活了！幸好他对这些一无所知。他带着对人生最美丽的想象离开我们。你让他平静地走完他童稚的纯洁的人生吧。"

没有多久悲惨的事情终于发生了。我知道说一切都是多余，在经历了16年岁月的磨难和洗尘，你已经沉静已经平淡，你甚至已经完美。你需要的是不刻意追求的关注，是那种遇到了就看你一眼说，下课了？然后轻轻地微笑，然后擦肩而过。你是坚强的自尊的。你同时也令人心痛。

很多年过去了，由于种种的原因我们不再联系不再见面，但是我知道在你我的心底依旧有着友情有着关注，在人生的道路上我们能感觉到彼此的努力和美好愿望，还有善良的平常心。这是岁月无法磨灭无法遗忘的。也许有一天我们会见面会说一声你好，于是以前的故事又会延续又会温馨我们的心灵。

殷慧芬，女，中国作家协会会员，上海作家协会理事，1949 年 12 月出生于上海，1982 年起发表文学作品，著有长篇小说《汽车城》、《苦叶》、《苦屋》、《苦缘》、《与陌生人跳舞》；中短篇小说集《欲望的舞蹈》、《纪念》、《屋檐下的河流》、《吉庆里》、《石库门风情画》；散文集《门栅情思》、《上海邻里》等。

曼妙高跟鞋

凌　寒

外地人提起上海女人，总会立刻脑补一下——曼妙的身姿，配上一双高跟鞋，娉娉婷婷地走在熙熙攘攘的大街上，就是一道风景。

作为上海女人的我，尽管嘴里不说，心里还是不得不承认自己骨子里还是很小资的。小资的人是做梦也想穿一双高跟鞋的，必须是鞋跟细细的那种，走起路来才有风韵。不知造物主是怎么弄的，为什么放眼看去，街上也好，身边的朋友也好，男人们都那么矮，鲜见高大挺拔的，这就搞得净高 1 米 65 标准身材的女士们有些汗颜，觉得爹妈不该给自己这么高的身材，哪怕只是矮上两厘米也好啊。于是 1 米 65 以上的女人都不怎么敢穿高跟鞋，因为一穿上高跟鞋，男人们的目光就会说："哇，你好高啊。"阿拉心理素质不行，只好每天穿着平跟鞋了。可即使穿着平跟鞋，也跟小鸟依人不沾边。

以为到了大高个子的北方，总该能小巧玲珑一回了吧。没料想魁梧的北方汉子见了我，依然"赞"我一声：高个子的上海女人。我绝望了，才知道北方男人更喜欢娇小活泼的女子。还是灰溜溜地逃回上海自在点，南橘北枳，更加悲催。

不过高个子女性听多了别人说她高，也就麻木不仁了。反正高就高了，既然当不成小鸟依人，那风度翩翩更能显出当代上海女性的美丽来，这也不错嘛。

这么一想通，马上摒弃了平跟鞋（旅游鞋除外），光顾各类鞋店，买回几双小高跟的皮鞋和靴子来。刚开始穿，感觉怪怪的，毕竟是穿惯了平跟鞋，穿上高跟鞋有点像踩高跷，心里还在不住犯嘀咕：这样一来，说我高的人一定更多了吧?

奇怪的是，一连好多天，都没人说我高，不管认识与否，见面都夸我气质好，身材婀娜。一时之间，倒丈二和尚摸不着头脑了。想来想去，再听听朋友们的意见，终于明白，原来当一个人穿着平跟鞋的时候，给人的感觉不是直直站立，便是向后倾倒。而如果穿着高跟鞋的话，人的身体是自然前冲的，这就会显得风姿绰约。但这种高跟鞋必须是鞋跟比较小的那种，如果是牛蹄子的那种大粗跟，那就比平跟鞋还不如了，穿上去会显得又高又呆板。

奥妙原来在这里，不禁心花怒放。不但可以肆无忌惮地穿高跟鞋，还可以不用老是听到"哇，你好高啊"的"赞美"了。

高跟鞋真是好东西，矮的人穿了可以显高，高的人穿了更添风采。建议大家都来穿高跟鞋，但你如果不是特别矮的话，就不要穿很高的高跟鞋哟，因为不习惯的话是会摔跤的，何况很高的高跟鞋应该也不适合已经有一定身高的女士们吧。

女人们，让我们一起穿上属于女性的高跟鞋，再配上华丽时尚的衣服，走到大街上，让上海的道路上开满会移动的花儿吧。曼妙的高跟鞋带来自信，让我们的皮肤不管在何种岁月里，都能泛着青春的光泽，全身充溢着使不完的精力。

可以是在那个温柔如水，散发着淡淡金晖的暮春的傍晚；也可以是雨后打开窗，满屋子吹起充满湿气的风的早晨；还可以是在楼下的花园里，走在玉兰树下的阴影里，看着白色的花瓣飞落在河里的时候；更可以是走累后的咖啡屋，歇下疲惫的双足，看着窗外的雨下得像雾一样。不管是什么日子，什么时间，都可以任性地穿上崭新的高跟鞋，让整个心胸被美好的感觉所塞满，鼻息里的是自然和幻想结合在一起的气味，很美很暧昧地走在街上。

今天踩着高跟鞋外出办完事，经过一处小公园，看着时间还早，就信步走了进去。沿着公园的甬道，听着高跟鞋跟敲击在石阶上的清脆的笃声。往前走，两边的矮树丛的叶子碧绿发亮，生机勃勃。再往里走，看到一些金灿灿的花朵在肥沃的土地上绽放，随风，微微地颤动着。还有一些红彤彤的花，就像喝醉了酒的姑娘，泛着醉意。我看到一棵大树下有一张长椅，没有人，只有金色的阳光透过茂盛的枝叶空隙，给洁净的长椅洒下点点光斑，仿佛在等我坐上去。微风吹过，鼻子里装满花香和青草独特的气味，一种清凉宁谧的气息便潮水般地浸满过来。

我坐在长椅上，闭起眼睛，倾听大自然的声音，体内焦躁的动物乖乖蛰伏下来。而我的高跟鞋，如同两只飞累了的小鸟，温顺地停留在地面上，只为了在之后的时间里，又可以自由自在地在广大无边的天空中飞翔起来。

欣赏着商店鞋柜里一双双不同品牌和式样的高跟鞋，不禁心旷神怡，我猜想古时候男人欣赏女人的三寸金莲时也大抵是这种感觉和心情吧。拿起一只来放在眼前细细看着，竟幻觉出水晶鞋与玫瑰花中的灰姑娘般的企盼和希冀来。

现在的小孩子营养太好，已经越长越高了，也许有一天，我真的可以成为小巧玲珑的那一款。即使那时我已经是个老太太，满头银丝了，但能品味到可以仰起头看着别人的时候，算不算是心愿已了呢？

太阳在头顶上喷射着烈焰，但我不想呆在有空调的室内。因为我想穿上美丽的高跟鞋，妖娆地走在大街上，给别人看，同时看着别人。

直到刺目的阳光的色彩逐渐变柔和了，由金到红，一幅暖色调的油画世界。才想起该去买菜了，上海女人穿着高跟鞋到散发着动物体臭的菜市场去转转，也是味道，也是风景。回家后围上围裙，围着灶台，就是个贤妻良母。

凌寒，自小喜欢写作，工作后觉得上班简直是在浪费时间和生命，就懵懵懂懂辞职当作家了。无奈生性懒惰，写作近20年，没有大的成就，只陆陆续续发表出版了几百万字的长、中、短篇小说、散文和报告文学。

漫　长

周嘉宁

现在想来，我奶奶用了近乎二十年的时间来接受死亡。

我爷爷去世的事情，我已经记得不太清晰了。是我小学二年级刚开学的时候，早晨我还在睡觉，只觉得大人们始终在楼梯上走动，也没有人来叫我，没有人跟我说话。我自己起床，坐在院子里等待，也不知道在等什么。然后爸爸找到我，叫我去跟爷爷说声再见。我心里对死亡没有什么明确的感知，只是随着他走去亭子间，那儿挤了很多人，爸爸把我推搡着弄到床边，拍拍我的肩膀，示意我快点。于是我嘟囔出一句，阿爷，再会。我想他已经死了，但是那个时候，我有种感觉，我的爸爸并不想告诉我真相，也不知是出于什么原因，或许是想保护我，在我与残酷的事情之间，暂时遮挡一下。于是我很乖巧地假装不知道他已经死了，我下楼，独自吃早饭，走路去家隔壁的学校上课，像平常一样。大概是我假装得太好了，我甚至都感觉不到一点点的悲伤。

我不知道人在面对第一次死亡的时候所采取的方式，是否会起决定性的作用。反正我之后，每次面对亲人的死亡，都会采用假装不知道的回避态度。假装不知道蒙蔽掉了所有的伤感，和那些应该会掉下来的眼泪。

现在我依稀还是记得些爷爷的模样，毕竟他的黑白照片在之后的很多年间，都放在家里的五斗橱上，春天时旁边插几枝迎春，冬天则是几株腊梅。他活着的时候，常穿中山装，口袋里有时候会摸出颗樟脑丸来。最后他是因为肺癌死的，查出来的时候已经是晚期，很奇怪，他从来不抽烟，也不喝酒，每天还都要喝上一杯人参茶。

不过我却几乎想不起来奶奶与他在一起时的模样。仿佛自我有记忆开始，奶奶就已经是一个人的了。

上海在八十年代末九十年代初的时候，有过一场很严重的肝炎流行病，因为毛蚶而起，那年据说病死了很多人，有点像 2003 年非典时的情形。所以在我成年之前的记忆里，我从未见过毛蚶这种食物，只听亲戚们描述当年吃毛蚶时喷香的场景。在水里抄一把捞起来，带着血水呢，蘸一蘸撒了葱姜的醋，一人都能吃掉一锅。只是从那年之后，我们家里再也没有碰过毛蚶，与许多其他的上海人家一样。

我的奶奶没有逃过那劫，大概是在末尾的时候，传染上了肝炎。那应该是在爷爷去世以后不久，她病了很长一段时间。我不知道那场病会不会消解掉一些她失去丈夫的痛苦。我去医院看望过她几次，只记得回来以后被要求反复洗手，才能上桌吃饭。

等她出院以后，就不再与我们一起吃饭。我说的不再，是从此以后，直到她在 2007 年冬天去世，都没有再与我们一起吃过饭。

刚开始，她还与我们坐在一个饭桌上，不过是用自己的碗筷，坐得远远的，让爸爸夹菜给她，绝对不直接碰桌上的食物。那时候，她变得非常小心翼翼，脸上常常带着种惊恐的表情，像是病菌已经长期在她的身体里种下来，再也不离开。她是个非常非常善良的人，总是提醒旁人她得过肝炎，也唯恐把病再传染给了他人。她甚至不太愿意让我坐她坐过的椅子，那也是一把专门的椅子，她每天坐在上面看报纸，等到傍晚四点钟，她会站起身来，先把整栋楼的楼梯全部都拖一遍，再拎着一只铅桶，去弄堂里捡垃圾。她捡垃圾也不为了卖钱，而是真的把地上的脏东西都捡起来，分几次去隔壁弄堂的垃圾桶里扔掉。

其实我至今都不太理解她，有时候比较起自己来，难免觉得她心里那种极端柔软，极端容易担忧，又极端善良的性格并没有遗传到我这儿，也或许有，只是用了另外的方式。

再后来，她就不再与我们一起吃饭了，甚至很少出现在我们的房间里。那时候我们还住在老房子里，我与爸爸妈妈一起挤在楼下一间30平方米左右的房间里，奶奶独自住在亭子间。她开始写日记。她曾经是个中学老师，但是我常常想不起来这个，因为在我的记忆里，她一直是个独自坐着的老人，与外面的世界根本没有联系。她写日记的劲头非常猛，常常从醒来到睡过去，都在写。在生过几次病以后，她就不再去外面捡垃圾了，也很少下楼。有时候下午趁我爸爸妈妈不在，她会来敲门，问我讨支圆珠笔芯，或者是讨一叠用过的草稿纸，那多半是她写到一半，纸笔用完了。不知道为什么，她仿佛从来不问我的爸爸妈妈要这些东西，甚至故意要避开他们似的。

自从她开始写日记，就渐渐变得日夜颠倒。常常清晨的时候她还醒着，又会一觉睡到傍晚，四五点钟把午饭热一热吃掉，等到晚上十点再吃晚饭，完全生活在了我们的平行世界里，像是我们家里的一个幽灵。

现在有时，我也会在傍晚醒来，在傍晚醒来被列在我人生绝望辞典的前几名，特别是那些天黑得特别早的冬日里，醒来以后像是生活彻底失重一般，觉得一切都难以继续。我难免会在这样的时刻想起我的奶奶，想起她在人生最后的那很多年间，面对过许多这样的时刻，每每想起，我心里都黑暗一片。

没有人看过奶奶的日记，只知道她铺天盖地地写。过年间有亲戚来我家里，开玩笑地问说她是不是在写回忆录。她向来内向害羞，面对这样的问题，只能用手捂起脸来笑笑。但其实有一次，我偷偷看过她的日记。她的字迹很潦草，难以分辨。细细看来，她写的是每天在电视新闻里看到了些什么，领导人发表了什么讲话，主持人穿了什么颜色的衣服，她还会在旁边标注一下说，裙子很漂亮。然后她会写到在弄堂里遇到了隔壁邻居家的谁，说了些什么话。中午妈妈为她准备了哪些菜，一样样地写出来，不忘加一句说，媳妇很贤惠，午饭的营养都很好。她也写到我，写我每天晚上都上楼给她送水果吃，写我的考试成绩。

总之就是这样的日常生活，铺天盖地，写得她背越来越弯，时间以圆珠笔芯递减的速度流逝，倒也算是有迹可循。那些写过的纸和本子被捆起来塞进床底下，像是把消磨时光的日常生活也都全部打包起来。

之后她的身体变得很差，我去念大学了，家里也没有人能够时刻看护着她，于是爸爸决定把她送去养老院。我记得送她走的那天，她整理好衣物，安静而羞怯地坐在床边，是她向来的神情，总是担忧打扰到别人，尽量隐匿掉自己的存在。等到车子来接她的时候，她突然鼓起勇气似地问我爸爸说，日记怎么办呢？我爸爸愣了愣，他是个孝顺的儿子，为了在养老院里占据个好床位，托了很多关系，但他一定没有想到，奶奶会提出这样的一个问题。接着奶奶说，就这样放在屋子里，不会被其他人看到吧。我站在旁边，心里咯噔一下，差点哭出来。

奶奶非常怕死。在我们非常少的几次聊天里，她与我说起过刚刚来上海时的情形。她与家里人坐船逃过来的，江上日本人的飞机一直在扔炸弹，她只管闭着眼睛，听炸弹在水里炸开。然后她逃到虹口区的日租界，在精神病医院里躲了一阵。说起这些来，她也都是轻描淡写的，但是脸上带着种小女孩讲故事时的情形，会用手拍拍胸口说，炸弹响得怕死了，怕死了。

她那么敏感，纤细，孤独，胆小，这漫长的二十年间，难得几次与我走在马路上时，都要紧紧地拽住我的袖子。所以我其实真的不知道，她的内心是怎么去面对死亡的。家里人对她的照顾向来很好，但是在很多个冬天里，我看到她穿着棉袄，缩手缩脚地坐在窗边，旁边一盆正要冒出花苞的水仙，脸上依然是那种害羞的神情，混杂着一些忧愁。我到现在也想不起来，她是否曾经开怀过，甚至在很久以后，翻出她年轻时的黑白照片，她依然是那副神情，哪怕是在笑，也微微皱着眉头，为不知道什么事情而担忧着。许多家里人都说她看起来不老，这些年里并没有什么变化，但我觉得她眼里的某种光芒在一再消逝，家里人却都没有看到似的。

自从她去了养老院，我就很少看到她。我从来不觉得中国的养老院有什么好的，更像是个医院，自从她去了那儿，就迅速地衰老，变成了一个真正的老人，或者说一个真正在等待着死亡的人。就好像她身体里的那根橡皮筋也松掉了，她总是茫然地躺在那儿，也不太跟旁边的人说话。

我从心底里抗拒去养老院看她，这种感觉就跟十几年前我假装不知道爷爷的死差不多。我在这很多年间反复地质疑自己是否冷血，残酷，不近人情。后来觉得，最要命的大概是我的软弱，在面对无能为力的悲伤时，自我防御机制就立刻启动。我现在都还记得爷爷去世那天太阳的温度，以及那段从家里走到学校短暂的路途。心里没有丝毫的悲伤，硬得像颗核桃。

我最后一次看到奶奶，是在2007年的夏天，在我去北京之前。那段情景之后被我写进了一个叫《光斑》的短篇小说里，小说的主人公叫英婆婆，我的奶奶就是那位英婆婆。我沿着充满消毒水气味的走廊走去她的房间，她不在，我又转头去走廊里找。过了一会儿，才看到她坐在走廊里，旁边有几个老人在聊天，她仿佛在听，但是却又扭头看着其他地方。不知道是谁帮她剪的头发，非常短，像个男人。我不知道她有没有为此发脾气。在那最后的几年里，她的脾气变得非常不好，妈妈有时候会抱怨一下。我却总是不由想起，在爷爷刚刚去世后不久的那些暑假里，我与奶奶两个人单独度过一个又一个的白天。我常常无缘无故地对她发火，有一次我画一幅油画画到一半去午睡，醒来时看到她把我的油画笔洗了，而且在水里泡坏了。我为此而坐在床边大哭起来。我不知道自己为什么要对她发火，我想她也一定不知道为什么自己要对其他人发火。她心里肯定也很难过。

那天她看到我，从一个皱巴巴的塑料袋里掏出一片柚子给我吃。我告诉她我要去北京了，她听得不是很清楚，反正那时我也常常要出远门的，所以她大概只当我是去某个地方玩一会，很快就回来。

她握着我的手，说，你是最好的。

我说我不好。

她也没有听清楚，她又说了一次，你是最好的。

她去世的那天，我在北京，接到家里人打来的电话。我们一家人全都不善于表达感情，所以这样的电话就更加言简意赅。我挂掉电话以后独自坐在家里发呆，眼睁睁地看着外面的天色暗下去。到了天黑以后，有朋友叫我出去吃饺子，那天大概是冬至吧。我们约在一个地铁站见面，然后他用自行车带着我在胡同里乱窜。那家饺子铺闹哄哄的，门口挂着块棉被阻挡外面的寒气。我们来一鼓作气叫了差不多一斤的各色饺子，他还专门跑去隔壁帮我买了桂花酒，自己买了二锅头。我们像平常一样大吃大喝，还大声说话，我假装得，都已经意识不到自己在假装了。

然后朋友给我说了一个笑话，一点都不好笑啊，他把一张纸巾撕来撕去，贴在脸上假装是猪八戒。我喝得有点多了，就看着他大笑起来，很快就后悔，大笑带来了剧烈的情绪失控，一会儿我就转为大哭了。朋友挂着那张猪八戒的脸看着我，他也没有问我为什么哭，只递给我纸巾，然后自己把剩下的饺子都吃完了。

那天我始终在哭，一直到深夜，有朋友给我打电话，我因为过分哽咽而根本没有办法接。我想起当我们最后住在一起的那段日子里，我也常常熬夜到凌晨，两点或者三点的时候，奶奶会从她的房间里走出来，若是看到这儿的灯还亮着，她就走过来看看我。我总是对着电脑在玩游戏，屏幕莹莹发光。她不是很明白外面的世界已经变成什么样子，只以为我一直在做作业。于是她站在旁边看一会儿，然后说一句，做功课不要做得那么晚。其实那时我早就已经不需要再在半夜里做功课了。

我想，奶奶是与我一样的人，孤独怎么吞噬掉她，以后也会怎么吞噬掉我，甚至我不知道，自己是否能像她一样，在漫长的接近二十年的时间里独自面对死亡的慢慢到来。

嗯，这个过程实在太过于漫长了。

周嘉宁，作家，长居上海。复旦大学中文系硕士。曾出版长篇小说《荒芜城》和短篇小说集《我是如何一步步毁掉我的生活的》等。

"做头"，从中原到沪江

顾惟颖

好几年前看过一个关之琳演的电影叫《做头》，里面那个生活在市中心的迟暮美人，三天两头朝国营理发店跑，试图通过"做头"来挽留一点逝去的韶华。关之琳的扮相很漂亮，但我以为，假若真的有这样一个不甘被市民生活埋没、并活在经典臆想中的女人，出入的不该是电影里那么土的一家理发店，二十几年前淮海路一带的国营理发店，比五年前《做头》中的理发店要远远洋气。

八十年代，住在淮海路的女人们，基本头发的问题都交给三家店，一是妇女用品商店斜对面重庆路上的淮海理发店，二是雁荡路的中原理发店，三是稍晚一些才有的沪江美容院，在国泰电影院对面（如今这个位置是古今内衣店）。这三家店我小时候都去过，通常妈妈或者外婆比较喜欢去中原，因为那里环境和服务比较好，实行男女宾分流服务，一进门，女士向右走，男士向左走。妈妈每次先为我在雁荡路淮海路口的一个书报摊买一本《环球银幕》或者《上影画报》，然后就进中原洗头。

中原一直生意很好，几乎每次去都要等候，那个时候没有电话预约，跟理发师提前约好，也是估摸着礼拜几，所以，时间掐不准。于是一长排沙发上，女人们身体挨身体坐着，好些个客人头发用毛巾裹起来，无比慵懒，一旦毛巾散开，湿漉漉的头发上，还带着先前热水的温度。大家或打毛衣，或聊天，妈妈每次去，都会遇到街坊或者同事，那时候，同一街区同样工作系统的人，基本生活内容都近似。她们大人聊天，小孩就坐一边翻画报。经常是看看画报中的美女，再仰头看看墙壁上的"美发头"，比较不出谁更好看。当年有一种不长不短的蘑菇头在年轻女子里流行过很长时间，山口百惠的短发也颇受欢迎，还有新加坡电视剧《天涯同命鸟》里千金小姐"源美"的卷刘海长发也是众人效仿。上点年纪的女人还是喜欢把头发烫卷了朝高耸里堆上去。

女人们总是很享受美发店里的声音和气味。耳畔边"嗡——"吹风机的声音时续时停，夹杂着理发师温和的说话声，似远似近，连绵的呼吸间则有稍微夸张的定型水、发蜡的香味，一切都缔造出一种让人轻飘飘的感觉，周身松弛，眼皮直往下掉。大人们烫个头发要很长时辰，所以连带着让小孩也洗头剪发。将自己的脑袋交给理发师时，按道理应该是全然放心的，但小孩总是很紧张，其实是因为害羞，为了掩饰，就喜欢动来动去，这让理发师很为难，一个劲叫小客人"不要动"，可是理发师举着剪刀一凑近，小孩又朝后缩。理发师没办法，只能用手按住小脑袋。好多年前的中原理发店里，人们经常能看见一个被理发师按在座椅上，胖乎乎的、抿唇皱眉很不情愿的小女孩，那就是我。

后来，淮海路上的沪江美容院出现，环境比中原更胜一筹。那个时候上海高档一点的美发店已经有买卡服务，就是客人一次性付一笔钱，然后每次去划掉一点，比较方便。进中学以后，妈妈经常拿她沪江的美发卡给我，让我自己去理发。通常顾客都有自己认定的理发师，连去了两回以后，同一位理发师一看见我，就主动吆喝"小姑娘，你等我一下！"于是，我就有了自己固定的理发师。那个人长得清汤挂面，三十几岁，一点不帅。不过说实话，以前在国营理发店里，从来没有见过什么年轻俊美的理发师，要想在中原或者沪江，或者瑞金路向明对面的理发店里遇到《做头》中霍建华那样的理发师，基本没可能。老人说，理发师不帅的，手艺才会好，因为心比较定，剪刀捏得牢。给我理发的那位师傅果然"心定"，每次去他那里修头发，必问我"要升几年级了？"然后引来周围阿姨辈的顾客的目光，他替我理了几年头发，还是盯住这一个问题，弄得我很不好意思，好像读来读去依然不升级一样。有一回又问我，我一赌气，干脆回答"留级了"，他听了大吃一惊，剪刀在半空里停顿了几秒。

话说回来，过去国营理发师真的很规矩，他们弄头发总是很听取顾客的意见，生怕得罪了顾客，也不会喋喋不休地劝你买什么卡，他们总是穿着整洁的白衬衫、西裤，彬彬有礼地替你"做头"。相比之下，现在的发型师都很自作主张，而且个个像蹩脚的销售。

十八岁以后，再没进过国营理发店。年轻人渐渐把头发交给新兴的私营美发店。不知道如今是否真的有《做头》里关之琳那样的女人，假设有的话，我猜想，她应该住在培恩公寓，在一个没什么太阳的休息日，独自跑到中原理发店去烫了头发，然后在南昌路口的旗袍店里对着一千多块钱一件的改良旗袍徘徊了一会儿，空手出来，不愿立刻回家为丈夫和孩子做饭，只信步到复兴公园里，在一条长椅上坐下发呆，用手抚一下打过新鲜摩丝的头发，忽然想起二十年前与自己亲吻的恋人来……

顾惟颖，自由写作人，也是《申江服务导报》合作十一年的作者"杨彪"。毕业于上海戏剧学院戏文系，做过记者，做过广告，写过剧本，发现最适合自己的是不要上班，不要被人管的"闲散"状态。长期担任多家媒体的专栏作者，并出版散文集《一个人的淮海路》。

智　慧　感　悟

到底不是上海人

许云倩

偶尔看到池莉的一篇随笔——《上海的现实主义》。说的是她在上海的见闻："我在一家大超市买青团，六只一盒，三元钱。回来路过好德便利店，青团却是一盒六元了。我就不明白为什么同一天，同等大小数量的青团，价格可以相差一倍。好德便利店是上海人自己开的，是开在家门口的杂货铺，它的服务员是阿姨型的……阿姨好脾气，耐心教我道理，说：'这青团是好的呀，那青团是摆摆样子的呀。要是自己吃么，一定要买这青团。那青团呢，大家都是

拿去做事的呀。'做事就是上坟。上坟的供果，因最终都是给看墓人拿走，上海人便会选择一些便宜的瓜果糕点，摆摆样子，让仪式得以完成……上海人把事情做得哀而不伤，有节有度，感情上再难过，心底里总是有把守；钞票花费到什么程度，手指缝都还是捏得出分寸来，绝对不会恣肆汪洋。这便是上海式的现实主义了。"

池莉对于上海人的生活态度，还是赞赏的。对此，上海人民恐怕不会有什么异议，抑或还会有点沾沾自喜。但真正的上海人看她所举的例子，还是不免会宽容地一笑，心说，到底不是上海人！

一般来说，道地的上海人，是不会去超市买青团的。记得小时候，家住在市区边缘的军工路。方圆几里，只有一家饮食店在清明前卖青团，六分一只。可母亲总是托她家住市中心的同事去老西门附近买七分一只的乔家栅青团。以那时我们家的经济状况，一分钱还是有相当分量的，可要吃就吃有品牌的。那可是上世

智慧感悟

纪七十年代的上海人呀！及至我上班后，因单位离杏花楼比较近，就由我来购买青团了。咬一口，那麦青汁的清香，来自田野来自春天，真让人有"咬春"的感觉。相较那些放色素的青团，一定再不会改变你的选择了。每年，这个时节，乔家栅、沈大成、王家沙这些老店，都门庭若市。经过多少场革命，上海人还是那么吃品牌，尤其是老牌子。那天，我在南京路上，邂逅一位已退休的老同事。她从很远的路过来，就是为了买绿杨村的蟹粉馄饨馅。你瞧这些名字，乔家栅、沈大成、王家沙、绿杨村，听着就让人觉得熨帖可靠。不是上海人，是不会理解上海在现实主义中坚持的那份执著和挑剔的。

由池莉的文章，我又想到了多年前龙应台那篇引起轩然大波的《啊，上海男人！》。我当时的感觉，也是"到底不是上海人"。她写了买菜烧饭拖地的上海男人、为妻子甚至女客洗内衣裤的上海男人、被妻子赶出家门的男人，更有甚者，每晚被妻子"强迫"到第二天"像死人一样去上班"的上海男人。这些现象，一定是存在的，但绝对是非常态的。龙女士为什么能获得这么多非常态的活生生的资料呢？我的解读是，她先是偶尔获知第一个例子，十分的诧异，于是去向她周围的上海朋友证实。而那些朋友也像孩子人来疯似的，比谁的故事更加奇葩。于是她犹如盲人摸象般得出了一个结论。

以我童年的经验，上海的"家庭煮夫"确实是很普遍的。那时，我生活在大学宿舍区内。"文革"时，大学又不招生，除了政治学习，教师们很无聊。而大多数家庭又是爸爸在大学工作，妈妈在别的单位，离家相对远一些，而且是八小时工作制。在这种情况下，爸爸就承担了大多数的家务。我爸爸和邻居家的叔叔买菜烧饭洗衣确实是常态。后来我去复旦读书，发现复旦的九个宿舍里也是如此。这跟男权女权没什么关系。倒是和那句"存在的就是合理的"哲理比较接近。也和"上海的现实主义"比较相符。

而今天，在我们这一代当家作主的时候，观察我所熟悉的家庭，看看我的同学、我的朋友，龙女士所羡慕的那种"围裙丈夫"的现象，已经不多了。因为今天的上海男人在社会的舞台上担当的责任更多了，工作的节奏也更快了，生活的压力也更大了。而上海的女人毕竟是心疼体贴丈夫的。因此，"出得厅堂，入得厨房"成了衡量女性的标准。上海女人有时也不免会有心理失衡。但既然没有更好的办法，那就只有接受。偷空约几个姊妹淘出来，喝喝下午茶，说说私房话，调整一下身心，是个好方法。所以上海的下午茶套餐花样越来越多了。

当年张爱玲从香港回上海不久，写了一篇《到底是上海人》。她去买肥皂时，听见一个小学徒向他的同伴解释："嗯，就是'张勋'的'勋'，'功勋'的'勋'，不是'熏风'的'熏'。"大为吃惊。这让我想到了至今还在网上传播的一个热帖。大众出租司机给微软公司高级主管刘润上了一堂生动的 MBA 案例课。那个司机，在不用任何斩客手段的情况下，运用自己的智慧，为自己挣得一份八千元的月收入。他的主要方法归结起来说，就是善于选择客人，善于选择时段，善于选择路段。他把成本分摊到每分钟的时间单位，从而找出获得最大效益的途径。他一路上无意间的侃侃而谈，让刘润如获至宝。刘主管当即决定，请他去给微软公司那些高学历的白领讲课。这个出租车司机，我觉得比较能代表"上海男人"，他们利己而不损人，精明而不为恶。也就是能务实地寻找到最适合自己的人生坐标，不高也不低，正正好好！

由外人来写上海人，好处是"到底不是上海人"，在比较中，他们有新鲜感，容易在我们熟视无睹的生活细节中发掘出新意来；坏处也是"到底不是上海人"，往往看到的只是片面的现象，于是就得出了大象长得像一根柱子那样的结论。

许云倩，解放日报高级编辑。

"利他主义"与女性的善解人意

孔明珠

首届世界互联网大会在乌镇召开，微信上"马云乌镇四十分钟演讲实录"出炉，我才读几行便受到感染，拿起纸笔，记录了几条"马语"。

这位神奇的当代首富先预言"一百年以后去看，一定是以我为中心变到以他人为中心"，再告诉我们，"IT 时代到 DT 时代，最小的标志是你的思想，如何帮助别人成功"，当我为"DT 时代"（DT 即数据处理技术 Data Technology 的英文缩写）概念抓耳挠腮时，他说"Data 技术"核心是利他主义，即相信只有别人成功，你才能成功。

当晚我刚要出门快递电话来了，"双 11"网购抢的微波炉到了，他问我，东西很大你六楼有没有电梯，我说没有，请帮帮忙。他大声吼，那么重让我爬楼我不干你自己下来拿！我说，家里没其他劳动力，要不我下来帮你一起抬吧，实在不好意思我们楼没电梯，住那么高确实不好意思劳累你。他瓮声瓮气道，快下来十分钟以后到。

我在楼下等到一位小伙子，可能是见我长得和蔼可亲，又见我拿了根绳子真要来帮忙的样子，还一口一声说，东西还真大，真够呛什么的，他"扑哧"一下笑出来了，他说，切，看你这样，算了，我帮你搬，"嗨"地一下就把那包装得又大又沉的纸盒抬肩上跟我上楼了。

小伙子一路走一路告诉我，昨天遇一倒霉事，电话联系好，帮一个女的将同样一台微波炉搬上五楼，人却不在，电话回说放门口不行，得人来了搬进家门才算收到。怎么通融也不松口，气得他只能搬下楼决定不再送货给她。小伙子说，她不仁我就不义，你这么和善，我帮你搬高兴，我有力气！

此时，那位坚持"原则"的五楼女人样子仿佛就在眼前，铁板面孔言语尖刻毫无通融的可能。其实也不能说她完全错，服务不到位有理由拒收，但是被服务者也应当站在对方立场想一想，商量个两全其美的方法解决，那就是"利他主义"中特别需要的柔性管理原则，也是优良女性身上善解人意的特点。

前几日晚上出门打的，上下班高峰，空出租车绿灯不是打着"待运"就是打着"调运"飞也似地开过，着急中，一辆车停到我面前，我说真幸运啊。老司机答道，是的，如果你带着一个小孩子我就不停。我奇怪了，为什么呀？有小孩你更应该照顾她，帮帮她呀。老司机答，我帮她，她怎么对我！刚才一个外婆和一个奶奶领着个小孩上车，那个没教养的小孩乱踢我车，还悉里唆罗吃东西，外婆奶奶都不责备他，我忍着。到结账时，那小孩拿着交通卡玩死活不肯松手，气得我大声吓唬他，再这样扔你到马路上！

再前一周，又是出租车司机，招手后他犹犹豫豫停下来，板着脸问我去哪里？说了路名后他让我带路。我本来就是路盲，哪讲得清。跟他聊了几句，北方司机气不打一处来地倾诉道，就刚才下车的老太责备他绕远路，原先只要二十元，今天多了三四元，跟她解释不听，把手机导航给她看证明没错，她还是要扣掉两元钱。他愤愤不平地说，我车停在那里讲了半天，我不是为了两元钱，我生气她污蔑我坏心眼，我这人最最恨的就是说我贪财。哦哦，我的心一沉，又是两件城市女性与外来劳动者的冲突。

我还是笑了，问他是不是见我也是一个老太太，容易夹缠不清才犹豫是不是让我上车？他干脆答，是的！他说，到上海做出租司机三个月，路确实不太熟，但是绝不会刻意坑人，如果真走错了，会主动少收钱的，但是上海人太看低我了。我问他，你三个月总共碰到几个"污蔑"你的人？他答两个，那么我说，你做了那么多单生意才碰到两位，比例很小是不是。我们上海人大多数还是很体谅出租车司机的，像你对我态度那么差，我也忍了。于是我打开手机地图来搜索路线。红灯亮了，他不好意思地拿出一块布做的地图，比我快地找到了路线。

我轻声细语告诉他，司机如果上班心情不好，会影响乘客，如果你心平气和，传递给人的气息就很松弛，乘客感觉也会不那么警惕。同样工作十几个小时，心态好肯定是轻松许多。服务与被服务的人带着怨气一棒棒接力下去，那多令人扫兴啊。这位外乡来上海打工的小伙子显然觉得我说得对，喃喃地说，我每天遇到都是你就好了。

很好玩的是，我下车后突然发现座位与车门夹缝中有一只别人遗落的蜜橘，赶忙拿出来送给司机，我说，瞧，你的好运来了。司机终于笑了，紧锁的眉头松开了。

我连着讲了三个发生在身边的故事，作为故事一方同为上海女性，想想也是有点惭愧。如今，上海城市良好的建设与维护哪里还离得开外来劳动者的服务，就拿春节大批外来人口返乡后，快递全面停业这件"大事"来说，影响面多大。如果他们这些"乡下人"一年下来积压了满肚皮的冤屈，真的一跺脚都不回来了呢。

马云讲的"利他主义"其实就是良性循环、团团取暖，如果大家遇人善解人意一些，遇事柔性一点处理，退半步与人方便，你好了，我也好了，大家都好了。这样朴素的思想托儿所小朋友大概都能听得懂，而我们大人，那些当妈妈的，当外婆、奶奶的是不是得重回幼托班一次？

财产首富只有一个，数据很硬；精神富有指标宽松多了，大家都可以有。姐妹们，让我们从自己做起。

孔明珠，女，中国作家协会会员，上海作家协理会理事，前《交际与口才》杂志主编。

婚姻可以不需要

唐　颖

在我眼里她是女性的典范，漂亮优雅性情贤淑，她天赋很高，却是因为当年种种显而易见的原因，没有在专业上发展，而是远嫁美国。丈夫的诊所在南部的小城，她便跟着他在那里生活了许多年，那是个炎热、干燥没有四季的城市，站在家门口的公共花园，几星期见不到一个人，可是她连寂寞的时间都没有，她在养育一对儿女，打理巨大的住宅，还要去丈夫的诊所帮忙。

她的才情只能在家政上展示，无论是厨艺还是室内装潢都堪称一流，她为人慷慨喜爱朋友，周末，她邀请辛苦打工的留学生来家聚会，一个人为几十张口准备晚餐，那可是丰盛的美味佳肴，在她做来却是忙而不乱，并且乐此不疲。很多时候，人们认为她丈夫的成功不仅是在专业领域，而是有这样一位出类拔萃的太太。同时，为生存奔忙的留学女生在羡慕她，她到美国未打一天工，有个好职业的丈夫到底不一样。

然而，生活从来不会像它表面那般光滑。作为个体、作为女人，她的种种压抑，如果没有深切的交往，谁又能体会？表面看起来，都是些家庭现象，很琐碎很具体，比方说，孩子都是她带，甚至连月子都不做，因为没有帮手（母亲们都有体验，照顾零岁婴儿是一项艰辛的体力活，即便有人帮忙）。而她有了两个孩子，做家务时便把年幼的一个背在身上。以后孩子进幼儿园，她去诊所上班，下班后，与丈夫一起回家，他进了家门一路脱外套把自己甩到沙发上读报看电视，她则开始一天中最忙乱的时刻，做晚餐，给孩子洗澡，收拾房间，给全家人熨衣

智慧感悟

服，无穷无尽的家务事。

原来做个贤妻良母首先要有好体质，比如失眠后头痛，例假时腹痛，所有可能出现的痛楚，在家事涌来时必须悄然远遁。所以她搬家几次，每一次都为减去面积，直至搬离所谓的中产阶级区域，草坪、游泳池，都不要了，仅仅为了节省体力，十多年来她只穿T恤和牛仔裤，去美途经香港买下的两箱时装甚至没有打开过。女人的那些虚荣就是这样在生活的压榨下被一点一点地全部放弃。

还有，丈夫的诊所不能对病人关门，做妻子的便要守在他身边，也就是，守在南部，十年里没有去过纽约，也没有回上海，就是说没有一长段时间让自己觉得可以休息，好像是没有尽头的劳役。而节假日更是心乱如麻，眼看着高速公路上一辆辆车载着一家家人朝远方驶去，她觉得自己的活力在被这日复一日毫无变化的生活吞噬。

关于女人给予家的付出，杜拉这么总结，"一个女人的工作，从起床到睡下，与战争中度过一天同样艰辛劳苦。"她说："也许她青春时代的憧憬，她的力量，她的爱心，在单纯的合法性中受到创伤由她流失净尽。"然而男人，或者说丈夫，常常是最盲目的一个。两人要是有争执，他对她最具杀伤力的一句话便是：你有什么本事？你能做什么？看起来是这样，为母为妻只是女人天经地义的本能，而作为社会角色，她在诊所既不是医师也不是护士，仅仅是丈夫的助手。

好了，故事到这里似乎进入了本质。多年来，作为夫妻常会有各种琐琐碎碎的争执，每次都是以他对她的断喝结束：你有什么本事？你能做什么？能做什么呢，能做的是疯狂地冲进车库，开着车冲上高速公路。事后，丈夫向她道歉说，不用在意他一时冲动讲出来的话。于是，日子又过下去。

有一年她回国办事，虽然才逗留几天，却发现上海变化巨大，她说，想回来住上一阵，三个月后，她和孩子一起回上海，表面的理由是想让孩子学一阵中文，内心是要给自己一些机会，不管丈夫怎么反对，她卖了自己的车，带上庞大的行李和一双儿女，自己都没有想到去意如此坚定。

在沪几年她有了一份属于自己的事业，在发现自己的潜力的同时，经济上的收入也很可观，而家事有保姆与她分担，重要的是她可以按照自己的意愿生活。想到美国往事，竟有不堪回首的感觉。当丈夫再一次以居高临下的姿态要她在限期内回美时，她当即把结婚戒指脱下还给他，他们就这样分手了。

她突然如释重负，直到这时才明白，离婚对于她竟成了一道益于身心的减法，家事减去，麻烦减去，阻挠减去，伤害减去。所以她得出这样的结论，好像人生到了这个阶段，婚姻可以不需要。经济上能够独立是第一，而心理上，作为女人，不正是在日积月累的伤痛中让自己从茧子中挣扎出来，获得内在的独立？

我见过她的丈夫，一个清爽、正派很书卷气的医生，在社交场所顶多给人不苟言笑的感觉，他为人诚恳正直，在行业里声誉很好，然而，这好像无法说明婚姻问题。记得当时我们正一起用餐。我看到她在餐桌上为丈夫剥螃蟹，剔鱼刺，好像他是个孩子，那时他们的关系已经很危机，因为她的不肯回美国。可她依然在照顾他，以一种多年的惯性，他也一派心安理得。我那时就有预感，有一天他会很后悔很后悔。

唐颖，上海出生。中国作家协会会员。自1986年至今，在《收获》、《上海文学》、《钟山》、《小说界》、《北京文学》等文学刊物发表三十多篇小说，出版中篇小说集、长篇小说多种。部分作品被改编为舞台剧和影视剧。

智慧感悟

出租车司机如是说

王周生

有一天乘出租车，是个男司机。聊着聊着，就聊到一个敏感的话题。我问他，听说一些出租车司机半夜下班后，不是马上回家，而是洗洗车，吃吃夜宵，玩玩麻将，有的还会做些出格的事情，是这样吗？他没有马上回答，想了想，问我：什么叫"出格"？

于是就聊什么叫"出格"。上车前，他大约已经将我打量了一番，像我这样一个上了年纪的人，又不是熟人，不会对他的隐私构成威胁。他于是敞开思想，侃侃而谈。他说嫖娼应该算出格，但是，如果有一两个相好，则不算什么出格。这坦率着实让我吃了一惊。仔细看看这司机，四十岁不到的样子，侧面看去，有棱有角，挺帅。他说自己有一个漂亮的妻子和一个可爱的女儿，妻子"老好老好的"，在家做家务，把家打理得温馨舒适，他对妻子宠爱有加，一家人感到非常幸福。有这样一个家，他该不会做什么出格的事。可是他竟然告诉我，他有情人，而且还不止一个，其中一个是小学同学，和他妻子也很熟，是他们家的常客。

原来，有个情人不算"出格"的定义是为他自己下的。我问他，如果他的妻子，也像他一样，外面有一个情人，他是什么感觉。他一口咬定，他妻子不会的。我说，如果会呢？你怎么想？他坚决地说，我妻子绝对不会，我对她很好的！我说，你有情人，怎么还好意思说对妻子很好？他说，我在外面是玩玩的，我这是"身动，心不动"！

我说，女人怎么了？女人难道就得让你们男人在外面胡来？她是你妻子，在性权利方面，你们是平等的，你可以有情人，她为什么不可以。他不吭声。于是沉默。下车的时候，我对他说，你要是真爱你的妻子，赶紧回头吧，不然会遭报应的，这种事我见得多了。他笑嘻嘻用两个手指朝我敬了个礼，说，谢谢侬，老阿姐！

好一个"身动，心不动"。我说那么你妻子也去"身动，心不动"呢？ 他摇摇头，怎么可能呢？ 她是女人。

我知道我的话不会到达他心里，他潜意识里，有着几千年传统积淀下来的封建思想，男权主宰的社会，只许丈夫放火，不许老婆点灯，我那几句话，在顽固而强大的传统势力面前，实在太无力了。

性权利的不平等，是男女不平等的产物。几千年的男权社会，男性与女性在社会生产和家务劳动上的传统角色，决定了不同性别的社会地位，决定了男女两性权利和义务的差异。地位越高，价值越大，回报就越多。占统治地位的男性有着更多权利，包括性的权利。男性对女性在处事、姿势、语言、情绪、性行为各方面的规范都是根据男性的需求建立的。男尊女卑的观念，让女人嫁鸡随鸡，嫁狗随狗，从一而终；男人则可以三妻四妾，随心所欲。

虽然在我国，妇女解放已经争取了一个多世纪，男女平等的法律也有了五十多年，公开宣扬男女不平等的人现在很少有，但是公开做着男女不平等事的人却大有人在。法律能限制人的行动，却难以改变人的观念。市场经济，价值规律，使性成为商品，卷土重来。卖淫嫖娼、包二奶、情人现象，似乎是许多男人的特权，成为公开的秘密，甚至炫耀的资本。但如今是现代社会，欺负妇女不能做得太露骨，后院是万万不能起火的，"外面彩旗飘飘，家中红旗不倒"，于是，像那个出租车司机那样，找个堂皇的理由为自己辩护："身动，心不动。"

背叛妻子的男人心里明白，能否真的做到"身动，心不动"，能否真的将"性"与"情"的界线分得清清楚楚？只须问他们，若是他们的妻子也做同样的事，也用了同样的理由，他们能否接受？相信他们中的大多数，在发现妻子和自己做同样的事之后，必定暴跳如雷，必定妒火中烧，他们觉得受到了极大的侮辱。说穿了，性的自由，历来只属于男性。在男人们的下意识里，妻子是丈夫的私有财产，她们只属于丈夫。即便像那位对妻子宠爱有加的出租车司机，妻子享受的只是"宠物"的待遇。

宠物，被主人抱在怀里，百般呵护，生活无忧；宠物被主人牵着，出门溜达，蹦蹦跳跳，从不脱离主人的视野；宠物，不能爱上别的宠物，若动了真情，主人不允，也只能哀怨地跟着主人回家。倘若，宠物为爱情闹情绪，那就免不了被阉割的命运。

家庭是社会的细胞，一个家庭的和谐与稳定，是家庭成员生活质量高下的重要标志。我们人人都追求幸福的生活，但是幸福的生活伴随着权利和义务。在生理上，男女是有差异的，作为社会性别的人，男女都一样。法律意义上的妻子和丈夫，权利义务是平等的，其中包括性权利的平等。任何一方贪图不道德的快乐，必定带来情感的危机，从而造成家庭的破裂，这样谁都不会感到幸福。说到底，妻子和丈夫是一个家庭的两翼，两只翅膀平衡了，和谐了，才能起飞，才能翱翔。

写到这里，很想再见一见那位出租车司机，很想问问他：你拥有一个好妻子，同时又拥有几个情人，你玩的是"身动，心不动"的游戏，而情人一旦不甘于被玩的角色，或心动，要求婚姻，或反感，弃你而去，你如何面对？再如果，你的妻子知道了真相，或要求离婚，或要求性权利平等，你又如何解决？人的快乐和幸福，应该建立在道德之上。贪图不道德的快乐，必定要付出代价，请问你准备好了吗？

王周生，中国作家协会与上海作协会员，上海社会科学院文学研究所研究员，著有长篇小说《陪读夫人》、《性别：女》、《生死遗忘》，著有中短篇小说集、散文集、报告文学集及学术专著等十多部作品。

关于"银婚"的话题

王小鹰

据《辞海》中解释，金婚银婚钻石婚都是欧洲人的习俗，他们将婚姻关系保持二十五年的誉作"银婚"，将婚姻关系保持五十年的誉作"金婚"，至于"钻石婚"的年代愈发长久了。可见，西方的道德价值观中对稳定美满的婚姻还是取赞赏态度的！

我们这辈人，即在社会上被称作"老三届"、"老知青"的，大都在七十年代中后期结的婚，结婚时年龄都不小了，二十六七，三十左右。掐指算算，到二十世纪末二十一世纪初，若还保持着婚姻关系的，差不多都要到"银婚"之年了。

我有几个要好的女友，我们曾经约定，每对夫妻过"银婚"都要摆宴庆祝。我们知己知彼，谁怎么谈的恋爱怎么结的婚，大家都很了解。两个人能够携手走过那么长一段人生路，确实很不容易，期间酸甜苦辣唯有自己知道。我们都约定了，举办"银婚"晚宴的那一天，"老娘子"也要穿得像新娘子那样漂亮。我们结婚的日子差不多都是在"文革"那苍白的岁月里，我们的婚礼都十分简朴，没有雪白的婚纱，没有盛大的酒席。隆隆重重办一席"银婚宴"也算是对我们人生的一种补偿吧。

父母辈都很赞同我们举办"银婚宴"，他们的"银婚"日子正是在那"文革"噩梦之中，哪里还能谈及什么结婚纪念？所幸，我的公公婆婆终于隆重地庆祝了他们的"金婚"。宴席上，公公喝多了酒，满脸红光，自豪地说"我和你们妈妈结婚五十年来没吵过一次架。"孩子们都抿嘴偷偷地笑，因为大家知道，公公婆婆不吵架，是因为婆婆总让着公公的缘故。而我母亲此生最大的遗憾，便是我父亲过早谢世，使她不能像婆婆那样庆祝自己的"金婚"。父亲去世那年，她未满花甲，亦有好心的同事为她牵线搭桥，都被她断然拒绝了。

智慧感悟

母亲与婆婆都是抗战初期投身革命的女战士，当年她们毅然抛弃一切投身革命洪流，反侵略反压迫，为民族解放，为劳苦大众翻身做主人，其中还有很重要的一条，为争取妇女平等独立的社会地位。应该说，她们是女性解放的先驱。然而她们在道德观上依然保持了优良传统，骨子里她们是很"贤妇"的。我虽然做不到像婆婆那样五十年不跟公公红脸，我与丈夫常有争吵，吵得几天不说话也是有的。不过，我还是基本上继承了她们的道德传统，所以我一直是很看重我的结婚纪念日，对"银婚"日是期待已久了。

当我们兴致勃勃地筹办我们的"银婚"庆典时，举目周围，愈来愈多的婚姻没有坚持到"银婚"就破裂了，我终于伤感地意识到，现代社会，能够拥有"银婚"纪念日的人愈来愈少，能够如我公婆那样恩恩爱爱庆"金婚"的更凤毛麟角。日后，会不会有一天，"银婚"、"金婚"被当作稀罕的古董放置在博古架上供人品尝玩味呢？

从前，"贤妻良母"是对一个女人最大的褒扬，可现如今，如果你说这个女人是"贤妻良母"型的，至少是带点轻蔑的意味吧？

现代社会，各种思潮横流，道德、价值甚至是非都没有了统一的标准。那么，究竟怎样的女人方称得"贤妇"呢？倘若你在单位里劳碌了一天，下班回家，又有一大堆家务事等着你去做，而你的丈夫或者跷起二郎腿坐在沙发上看报；或者你的丈夫经常地不回家，你将会如何对待？再深入一步，倘若你的丈夫有了外遇，你又将如何处置呢？你会像外婆祖母们那样默默地容忍吗？

我的妹妹们出国留学而导致婚姻破裂，我母亲开始坚决反对，写信苦口婆心地劝说，义正词严地批评，仍是挽回不了妹妹们的婚姻，母亲为此感伤叹息了许久。而我，因妹妹身在他乡，便当了她们的诉讼代理人，虽在法庭上慷慨陈词，心中却忐忑不安，仿佛是我拆散了妹妹们的婚姻似的。许多年过去了，妹妹和前妹夫都各自成立了新的家庭，母亲也终于接受了现实。当母亲八十岁生日的时候，远在法国和美国的妹妹阖家回来给她庆贺。面对不同国籍的女婿们，我母亲表现得宽容大度，热情好客。

我十分佩服我的外甥，当年，妹妹与妹夫离婚时对簿公堂，主要就是为了争夺对儿子的监护权，那年外甥正好八岁。如今，他已是纽约的大学生物系的高材生，一米七六的帅小伙子了。他跟他妈妈生活在一起，与妈妈现在的老美丈夫相处得如同知己朋友一般；而每年圣诞节他去他爸爸那儿，又跟他爸爸现在的老美妻子及两个同父异母的妹妹相敬如宾，友善和睦。他生活的勤奋努力，快快乐乐，丝毫不见离异家庭的孩子们常有的阴郁和伤痛。

　　我还有个外甥女高中毕业考取纽约朱丽叶音乐学院钢琴专业，全家都为她高兴。头一年放假回家探亲，她给我们看一张男朋友的照片，是个金发碧眼的有着爱尔兰血统的美国少年，与她一起学音乐的。虽然我们都觉得她谈恋爱为时过早，但我们都告诫自己：不要太保守，不要太落伍。十八岁的少女，刚上大学，怎么能谈恋爱？何况还是个外国人！我们没有批评外甥女，我们都对她表示衷心的祝福。第二年外甥女回家探亲时我们又关切地问起那位美国少年，不料小姑娘轻巧地一挥手说："不理他了。"随即又拿出一张照片给我们看。这回是一位黑发黑眼珠的台湾籍小伙子，还穿着海军的军服，十分英俊漂亮。她甜滋滋地告诉我们，这是她现在的男朋友。我们一时都呆住了，我们虽然努力地加紧脚步跟上时代的发展，但我们还是看不懂现代的青少年，我们不得不承认自己是落后了。当然，最终我们还是扭转了自己的情感，我们还是诚心诚意地给予外甥女最美好的祝福，不是祝福天长地久，而是祝福她快乐。

　　我的父亲逝世已经整二十年了，我们姐妹们为他在福寿园竖了一块大理石浮雕墓碑，以寄托我们对父亲无尽的思念。墓志铭后要镌凿树碑人的姓名，我们为此犹豫再三，反复掂量。开始我们打算将五姐妹五女婿的名字一起刻上去，我们想父亲是一定喜欢看到我们夫妻恩爱的。可是最终，我们还是决定只将我们五姐妹的名字刻上去。我们生怕日后又有谁的婚姻发生变故，刻在石碑上的名字要抹掉就很困难了。我们并不怀疑我们爱情的真诚与牢固，我们只是更现实更理智了，我们知道如今的世界诱惑太多，变化太大，有时候是不以人的意志为转移的。故友隔几年重逢，常常会小心翼翼地问道："你那位还是从前的那位吗？"

我们的丈夫们都大度地表示理解我们的决定，我们为这份理解而感到幸福。

近日，在一份妇女报上看到这样一段话："刚刚过去的二十世纪，社会价值观已经呈现多元化态势，现代爱情观在和古典爱情观进行了无数次碰撞、较量之后，依然难分胜负，最后以并驾齐驱的姿态进入二十一世纪……现代爱情观不可小觑的力量，冲击和侵入我们的生活。"

我将这段读给丈夫听，我小心翼翼地问他："我们在二十一世纪来庆祝银婚，是不是有点太落伍了？"丈夫笑道："有什么落伍不落伍的？不是说并驾齐驱吗？西方社会现在也越来越回归传统家庭了呢！"我一颗心落了地，其实我是在试探他的。

不管社会进化到如何现代的程度，祝福一段诚挚和谐的感情是不会落伍的吧？

王小鹰，1977年考入华东师大中文系。曾任《萌芽》编辑，后在上海作协从事专职创作。著有长篇小说《假面吟》、《长街行》、《你为谁辩护》，以及中短篇小说《一路风尘》、《相思鸟》等。

"东北乱炖"

杨秀丽

昨天晚上去新开的一家东北菜馆吃饭，叫什么"顺风角"的，好像不在什么角啊，在我家附近那个工商银行的旁边。也没有顺风，傍晚已是有点冷风寒雨的了。女朋友"滴滴"打车过来，穿着薄薄的黑色短衫，像一只黑色的饿坏的小母狼一样，她说看了一整天的韩剧，中午都没有吃饭，晚上得蹭我一顿。

我飞快地点菜，小鸡炖蘑菇、东北乱炖、锅包肉、酸豆角……一口气点了五个菜。足够她吃了吧。她马上又加要一碗米饭，抬着脖子就直等菜上来。

我平时不大吃东北菜，只觉得不精致，但味道还是挺浓郁。像小鸡炖蘑菇，很鲜美的。那个东北乱炖啊真是乱炖，啥东西都往里面塞。这样的烧法最简单不过了。记得以前单位里一个住宿的单身男教师，不是东北人，但长得五大三粗，气壮如牛的，我看他傍晚时候经常拿着一个铁锅到门房去做饭，做的就是乱炖的菜，一大锅子里面什么东西都有。他从不拿碗盛来吃，就捧着铁锅吃。

一次，我们去普陀山旅游，早上吃花卷，一群年轻的教师都不喜欢吃，他拿过去，一口气吃了三十个花卷！

他是教语文的，古典文学修养很深，教学是很有一手。他又喜看武侠书，说话神似武侠豪爽之人。他喜吃乱炖的菜，也和他单身生活有关，听说他年轻时结过婚的，但后来女人跟别的男人跑了，他发誓再也不结婚，对女人也相当得痛恨。没有女人给他做精致的菜了，他后半辈子就一直吃乱炖的饭菜，倒也是养成了他粗野豪放的体魄。

由此想，上海那些清瘦的白皙斯文的男子就应该多到东北菜馆吃点乱炖的

智慧感悟

菜，一大锅的玉米、土豆、排骨、粉条让你吃得热气腾腾的。回去喷着酒气吆喝女人："来！来！给你老公在浴缸里放热水澡的来！"女人由惊愕到反抗到服从，低眉顺眼地乖乖往浴缸走去，心头琢磨：怎么这么男人气十足了？！乖乖，最后演化到夜晚的"作战"，也是野蛮无比，女人却只留下惊喜酣畅的份了。

我这里可能也扯得远了，干吗说上海男人去了？好好的吃土豆炖粉条才是。说到土豆炖粉条，却不得不再扯一件事，这倒真是和东北男人有关的。

一次到另外一个东北菜馆吃，那里是个小菜馆，挺洁净卫生的，我点了个土豆炖粉条，没有想到这个菜烧得真是咸啊，可能是那个女厨娘把半包的盐给不小心洒进去了。

我招呼那个老板过来，那个老板是个小伙子，眉清目秀的，不说话蒙个南方青年也不为过。他一开始的态度也是南方青年的温和形象，他把那碗菜端进厨房去，再小心翼翼地端出来。他没说一句话，放好就回身了。

一尝，仍是咸，只得又招呼他过来。这小店没有伙计，好像就他一个人。只得让他亲自动手。他又不说一句话给端进去，但眉头已经皱起来了。真是不能责怪我啊，我不是折腾他啊，我可没有丝毫上海小女子"作"的作风，十足是那个菜给做坏了，简直是在盐堆里熬土豆一样，这样来回翻工了四次。我还是无法入口。

我不响，第五次招手他。他走过来，站在我面前，叉起腰，胸口狠狠地闷出一句话来："我要火啦！！！"

"我要火啦！！！"听听，这句话的气势就像他站在高高的山顶上，手头擎着红色的燃烧的火炬，目光闪亮，威武地气壮山河地说："兄弟们，我要放火啦！"

还好，我站在山脚下，也能招架得住，我一挺胸，一双筷子给甩得老远（大概给甩到桌子角下去了，一只猫在我穿着丝袜的脚边磨蹭。土豆炖粉条的味已随着筷子蔓延到脚边的猫嘴巴上了），我一拍桌子（事实上，我拍得不是很响，作用和反作用力的物理学理论我还是懂的，我可没有让手掌受疼），但这样的气势却足以和他的气势相媲美。"你火啊？我还没有火你倒是先火哪？！""尝尝看！尝尝看！翻了四次工，还这副味道！你们是怎么做菜的？！""这个菜本来一开始就做得坏了，再翻工味道变得越差！你说怎么办？""就你这服务态度！还做什么生意？我还没有火你开始火？说说什么态度？怎么做老板的。"我的语句像炮轰，自己也没有想到语速是那样的快，我没有站起身，否则定然像英勇就义前怒目圆睁的模样。可能真是前面盐巴吃得多了，语句再淡也不行了。

东北小伙子丝毫不让我，他已经从山顶上奔下来了，一扫南方青年般的斯文形象，露出粗野豪放的作风，他捋起袖子，把手往我面前一指："我已经给你端了四遍了！你还想折腾我几次？""就这十几元的菜，你还想挑剔啥？就这个味道了！不翻工了！"听听！这样老板的服务语言，真是专横啊！我想，如果换作上海老板的话，早就露出绅士风度，浅笑盈盈地说："小姐，真对不起。我让服务员重新给您换个菜。您看如何？"然后，他整整西装的领带，轻轻地咳了一声，舒舒喉咙，对手下的女服务员说："小陈，去，去把这菜给换了。做一个新的。"女服务员小陈扎着好看的马尾辫，迈着细步走过来，用纤巧的手端起那盆炒三丝（土豆丝、青椒丝、豆芽丝。它也有土豆，不过是上海菜的特色了，有清淡的风味），不消几分钟，一盆新的菜上来了，爽口清香，正合我的口味。不错不错。我对这个上海老板的态度大加赞赏。看他还很绅士地站在我旁边，微笑看我，我也立即还以一个优雅的礼貌微笑。而这样的场景在我只是想象里了。面前的是这个东北小伙子，他穿着的是 T 恤，领口随意地翻着，他手下没有可招呼的女服务员。他怒斥着我这个上海女人。在他看来，我是上海女人"作"的典型了。对于这样的"作"风，他是不能轻易容忍的。

最后，还是里面的那个女的老厨娘出来平息了，她或许是他的老妈。她制止了一场势态越来越恶劣的战斗。结果，出门的时候，厨娘还是不断地和我说对不起，可那个东北小伙子就是不吭一声地坐在那里，他可自始至终都没有说出"对不起"三个字。

我想，到现在如果我再去那个东北菜馆，那个小伙子定然仍是一副不肯饶恕我的模样。他看到我的脸或许还会痛恨我："我已经给你端了四遍了！你还想折腾我几次？""我要火啦！！！"哈哈，就像前面我说的那个男教师再也不肯娶老婆痛恨负心的女人，那个小伙子也会推及开来，痛恨上海女子"作"的态度。而那次在"东北菜馆"和他的交战，却也在某种程度上放纵了一个上海女子野气的作风，在"乱炖"的菜看香里，所谓的优雅、精致全被粗朴、直率、狂放所混杂替代了。

杨秀丽，诗人，上海市作家协会诗歌委员会副主任。

智慧感悟

生活的味道

王丽萍

有一年，我朋友的女儿结婚，邀请我到北京参加婚礼。我欢天喜地来了。定定心心住好，一看时间还早，就跑到王府井附近转转。刚刚把吸管"啵"地一下插进老北京酸奶的纸盖里，朋友的电话大呼小叫："人呢？啊人呢？上哪儿了你！嗨！我满大街喊你人呢！"我吸溜一口酸奶，神清气爽地回答："我在白相呢！"朋友霸道地说："立马给我过来，婚礼开始了！"

一看表，才中午 11 点！等跌跌撞撞赶到婚礼现场，婚礼仪式已经尘埃落定。我拉过朋友："喂！你们白天真有空噢，怪不得新娘子眼睛都肿了，晚上结婚不好吗！"朋友以万箭穿心的眼神看着我："你咒我家丫头二婚啊！"

原来如此！上海人是晚上结婚，北方人是中午结婚！

哈哈哈！后来，这个情节，我用到了电视剧《双城生活》上，效果果然好，南方北方文化习俗的差异，通过一个婚礼来表现，北方人非要中午结，南方人偏偏要晚上结，这可怎么好噢！戏到此刻，大锣敲起，咚咚呛！咚咚呛！

生活，永远是你最好的老师；而一个编剧，只有用心去品尝生活的味道，酸甜苦辣才能跃然纸上，或咸或淡才能活色生香。

记得我写电视剧《保姆》的时候，我开了个座谈会，保姆见保姆，两眼泪汪汪……我一看，不对了，生活不是这样的。如果我要写保姆，开个会议问个一二三四可以，但是往下深入五六七八，必须亲力亲为。这样写出来的戏，有材有料，有声有色。编剧最怕无话可说，没有东西写，真的就干枯了，生涩了，就算你自己还自恋着，观众会抛弃你的。

于是，我找了一位熟悉的老师，对她说："你就把我当你家钟点工好吗？"

老师白了我一眼，估计心里台词已经滚滚红尘了一番："演戏来了？"去她家时，我行头很足，钟点工必备几件套：护袖，橡胶手套，自带的杯子，护手霜。真有感觉不是去当钟点工，而是去作秀。

一进老师家，我坐下，笃笃定定喝口水，说说天气谈谈股市。老师瞪着我："你要这样坐下去我就扣工资了，钟点工不就是按钟点付钱的？"我吃惊！鸡皮疙瘩地都起来了！一刹那起，我知道身体力行才能将心比心，否则，你永远有一种高高在上的优越和居高临下的态度。保姆不容易，从进人家里起，她的每一分钟注定必须是忙忙碌碌的！当我切身体会保姆的不容易后，写出来的戏便有了真情实感。后来，电视剧《保姆》收视率非常高，还拿了不少奖。老师评价说："这个剧不是写出来的，是生活自然流淌出来的。"

生活如同泥土，一个编剧，要扎进去，再深一点，再深入一点，直到变成了泥土，才能开出灿烂的花朵。

我常常被问到一个很难回答的问题："你是怎么写出来的？"我无法一针一线地答复。一个编剧的激情也许是暴风骤雨的一闪，也许是山呼海啸的一瞬，但是，没有积累，没有库存，没有储备，怎么可能有源源不断的灵感呢？

大约从2000年开始，我在上海电视台参与一档法律节目。从策划到采访再到录像，非常繁琐，我之所以坚持下来，是因为大量的案例是我想象力到达不了的地方，也给我打开一片天地，特别是我认识了一位优秀的律师周知明。从此以后，我逢到电视剧剧本里有任何关于法律和案件的问题，我都给周律师过目，他也仔仔细细帮我修改。所以我电视剧里的律师一律叫"周律师"。逢到我写医院和学校，我就一定规规矩矩到达现场芝麻西瓜地问——别嫌烦，这是编剧的基本功。

也大约在十年前，我来到上海电视台《相约星期六》节目，这是上海电视台一档老牌的服务类相亲节目，每个星期光报名相亲的人数就达二百位，而可以上节目的嘉宾却只有十位。这么些年了，相亲的队伍越来越浩浩荡荡，各种故事也越发一闪一闪亮晶晶。有些家长跟我交了朋友，干脆拉我一起去帮他们的孩子相亲，于是无数的故事活泼泼地跃起。记得有一次，我们在凯文咖啡馆给人相亲，双方一见就货不对版。女方拉我去卫生间商量，我们决定拒绝后出来，没有想到男方已经走人了，还留下一句"单已经买了"的话，我跟女方嘴里冰块咬的嘎啦啦响，真是生气呢！相亲这么不给面子啊！更崩溃的是，我们离开咖啡馆，服务员追了出来大呼："请埋单！"我弹眼落睛！原来男方相亲是 AA 制啊，只买了自己的咖啡——好小气啊！

就这样，写了后来的《媳妇的美好时代》，毛豆豆和余味三次相亲遇上了同一个人，就是生活的真实写照，比电视剧更有趣的是，生活里的那对，相亲三回都没有成功，于是他们联手一起去相亲公司投诉，偏偏在一起投诉的时候，两个人眉来眼去、心领神会……哈哈哈，缘分的天空就是如此不可思议又妙不可言。那么，读万卷书，我们该懂融会贯通；行万里路，我们要知深入人心。

我觉得吧，编剧这个职业，是需要你时刻脑子开机的，也就是说，当个有心人，也要当个好记者。这些年我走南闯北飞来飞去，就算坐趟飞机我也要当个好听众。我的通讯录里，有好多空姐的朋友，空姐给我记忆最深的台词是：我一旦飞了，就是真的"听天由命"！有时候坐火车，我就托朋友介绍，去高铁的车队采访，看看如今的"高姐"的工作状况。我不一定立刻写作，但是这些都会存于我的记忆仓库里，我用时间来丰盈它，再用岁月来滋润它……感谢生活，给我如此多的养分！

2015 年 4 月 12 日，我的最新电视剧《大好时光》在上海开机了。这部关于男人二十、三十、四十的婚恋故事，每一段，我都希望能够吸引你的心。因为，这些都是活生生的生活，是生活给予我的营养和素材，这是生活的味道。

王丽萍，国家一级编剧，中国电视剧编剧工作委员会常务副会长，上海电视艺术家协会副主席。主要代表作：电影《青春作证》，电视剧《媳妇的美好时代》《双城生活》《错爱一生》《生活启示录》等，所编剧的电视剧获飞天奖、金鹰奖、白玉兰奖等国内外大奖。

妇女天堂

薛　舒

如今的驾驶学校俨然妇女天堂，家有款夫、富爹，学会驾驶自是当务之急，那辆价值不菲的代步工具，早已如同冬眠的蟾蜍，在车库里蛰伏，只等妇女同志拿到驾照，春天一经到来，它们久已困顿的钢铁身躯，便可见到天日。款夫与富爹非我所拥有，亦深知利用乘车时间打瞌睡和看书，乃省钱又省力之美事。然，作为一名普通妇女，我亦是不甘掉队。驾驶，已然成为城市女性正常生活必备技能之一，眼看这个城市里几乎所有的妇女都会开车了，我若不会，岂不是自动退出妇女行列？虽然我并不十分留恋"妇女"身份，但自知，假若退出妇女这个庞大而具备美好声誉的群体，男士们未必能接纳我加入他们的队伍。所以，在毫无把握调入男人民群众单位的情况下，我是不会辞去妇女这个职业的。

初秋早晨，绚烂的朝阳把新鲜的光线洋洋洒洒地写满了驾驶学校偌大的广场，一辆辆紫红车身黑白格子围边的"普桑"，抑或匍匐、抑或作蜗牛挪动状。女人民群众勤劳勇敢吃苦耐劳的天性，此刻尽显无疑。且看掌驾方向盘者，若非少妇和老妇，便为青春妙龄，与后座上的另几位，互称师姐或师妹。年龄最大的，许有五十出头，如若早婚早育，该当祖母辈分，俗话说得好，八十岁学吹打，活到老学到老；年龄最小的，大一女生，老板爹地为激励其考大学，新车钥匙在她的书桌上方悬挂了整整高三一年；年龄不老不小的，还需要理由吗？

不想学开车的妇女不是好妇女！

智慧感悟

于是，我便拥有了师姐、师妹各一名。然而，副驾座上的黑脸烟牙捧茶杯伸脚随时准备踩下仅教学用车才有的第二个刹车的那位教头，却多为男士。作为妇女天堂里屈指可数的管理者及教育工作者，男性教头具备绝对的权威以及众星捧月的地位，一般，他们被叫做"师傅"。中国的师徒关系，最是秉承了封建遗毒，想要从师傅手里讨生计，没有三年杂工的学徒生涯，那是连皮毛都学不会的，影视作品和小说里，都这么讲。师傅，一定严厉到凶悍，一旦操作错误，他便要出口喝骂，拿捏着关键的技术，等着徒弟来求教。当然，为了学到真正的手艺，徒弟是要孝敬师傅的，师傅喝酒吗？师傅抽烟吗？师傅有老婆吗？乡下老婆还是城里老婆？孝敬，一律孝敬，一日为师，终身为父。

　　于是，我便拥有了王姓男教头一名。好了，让我们重新开始吧：

　　初秋早晨，绚烂的朝阳把新鲜的光线洋洋洒洒地写满了驾驶学校偌大的广场，一辆辆紫红车身黑白格子围边的"普桑"，抑或匍匐、抑或作蜗牛挪动状。其中有一辆车里，某妇女群众双手紧紧握住方向盘，脑中不断闪现"离合器"、"刹车"、"油门"、"换挡"等等字眼，手脚忙乱，前后左右不分，方位感全无，一脸诚惶诚恐……这名妇女，正是我。

　　这是我用想象为自己摄下的学车照，因为我从王教头脸上的表情，以及那双显然视力绝佳的眼睛里看到了我彼时的情状。然而，我却未曾领教到传说中师傅的严厉，我们的王教头，居然始终在笑，笑着夸我车尾触到了护栏，笑着赞我文明礼貌做得好，"刹车一踩一鞠躬"，笑着称我臂力上佳几乎把排挡操纵杆拽下来当拐杖……师傅的叮咛在耳旁，手脚却始终不听话。于是从包包里拿出笔记本：师傅，你说得慢点，我记下来。

　　王教头哈哈大笑：知识分子的脑子里装的东西实在太多，这点点东西都没地方放，只好记在本子上？好啦好啦，休息十分钟，该喝水的喝水，该撒尿的撒尿，我抽根烟。

　　妇女群众早已手脚瘫软，教头一声令下，便如困鸟出笼，雀跃不已。师姐自己煮的茶叶蛋味道很好，师妹的德芙巧克力是电视广告里见过的最新款，我的包包里藏着橄榄话梅水晶枣。师姐说，大家一起学开车多好，闹猛啊！师妹说，像春游，好开心的啦！我回头，看站在一边吞云吐雾的教头：师傅，你哪能一点也不凶啊！你为啥对我们态度介好？

王教头猛吸一口烟，嘴角一扯，喷出一阵烟草气息的笑：哈，市场经济，是我适应顾客，还是顾客适应我？你们是上帝，我也要与时俱进的。

此刻，作为三名妇女上帝的仆人，王教头左手捏一个剥掉壳的茶叶蛋，右手托一块德芙巧克力，嘴里含着话梅，眼睛眯缝了起来：酸……明天早上六点开始训练，五点半，各自等在家门口，我接你们到驾校。

妇女群众的反对意见纷纷扬扬，"太早了吧？""我要睡懒觉的。""来不及送小人上学了。"……

上帝的仆人"嘿嘿"一笑，没有收回命令。这一笑，把他的"与时俱进"，笑成了某一种坚持。

初秋晌午的妇女天堂，一片明媚阳光。

薛舒，上海市作家协会专业作家。

爸爸不旅行

南　妮

"他还是死活不肯去吗？孩子考得那样好！"

"可不是嘛，我们怎么劝都说不动他，连护照都不肯去办！"

跟表妹通电话，说的是一家三口暑假的欧洲旅行，泡了汤。

"这个时候还不办护照，那是铁了心了，你们怎么办呢？孩子那里交代不过去吧？"

"可不是！去是一定要去的，都答应了半年了。大不了，我们娘俩去！还能让人把咱卖掉啊！"

"跟旅行社去，安全得很呢！"

可是爸爸为什么要这么固执？

"他说，要玩的话，他是要一个人去玩的。"

表妹气鼓鼓的。

"可恶！"

呵呵，男人都有通病？

自家暑假里的日本游，也是母女出行。这一个旅行团里，除了带小孩子的几个三口之家，还有母女对，母子对，和闺蜜带自己母亲三人队——是考上大学十八岁的儿子，也不妨碍人家愿意跟母亲住一间房。不见有父子对，父女对。

"有什么奇怪？我去东欧的那个团，儿子三十岁多了，还跟母亲一个房间。"同事说。

"不怕找不到老婆？"

"已经离过一次婚了。"

母子对的构成，年龄上下限之间老大，或者说是没有上下限的。简言之，是可以跨越三代的，那没错。十岁儿，三十岁儿，六十岁儿——做母亲够长寿，加上儿子婚姻不好或者太好，都是可以享受那等人伦之福。

在奥特莱斯，随啃冰激凌的女儿看风景。一个年轻的日本女人，一拖仨，两女一男，大致在一岁到四岁之间。手里抱一个，车里坐一个。大的那个跌了一跤，一时地，小妈妈手忙脚乱。"中国女人还算好的。"帮她扶起那个大的，由衷感叹。

母子四人一行远去。看那个光景，是住在附近出来混时间的。这里有吃有喝，还有儿童乐园。小爸爸也属于混得较差的，不然，起码可以雇个帮手。

母子从来感情深。母女行养眼，感人。有钱的，那母女俩的时尚范儿是旅行团里的好风景，一个旅程几套行头，同行者对应角色，各有所获。条件一般的，淳朴的牵手里，可以采访到感人的故事。父子行？父女行？真的很难想象。所以就不要为难我们的爸爸了。

两对母女，若女儿是好朋友，母亲也是好朋友，四人团，简直天下无敌。花团锦簇，胃口奇好，笑语喧哗，奋勇血拼，大观园的现代出行版，商业社会怂恿成功的励志图，绝对王者气场。当然，母亲要够壮，粗实的手臂能扛得动大包小袋；女儿要够时髦，名牌行情悉数皆知。风景名胜留影的话，也可他拍也可自拍。那就——无所遗憾了。

也遇到过这样的母女四人团。女儿是同学，母亲却不搭，一问，原来是平时不熟临时凑成的。有好事者继续问：那爸爸呢？爸爸都是干什么的？

"长期在国外，难怪！这婚姻还能牢靠哦？"

收获了答案，小声跟他人嘀咕。

幸福的笑容是相似的。不幸的故事有各自的演绎。男人女人，生老病死，人生的内容归纳起来其实很简单。

因为钱，爸爸不去旅行。省下一个人的花销也是好的。

智慧感悟

因为不喜欢旅行，所以爸爸不去旅行。心理调查的结果就是这般：只有女人，把旅行看作是天大的事情。

　　因为不爱跟老婆孩子去旅行，所以爸爸不去旅行。去哪里还不是把家庭的模式往外搬？拎大宗行李，管调皮嘴馋的小孩，平日做牛做马还不够？老婆似打鸡血，信用卡刷爆，眼不见为净。

　　因为嫌麻烦，爸爸不去旅行。办护照，换美金，跑旅社，整箱子，赶飞机，倒时差，累不累？电视里天天有风光片，躺在家里的沙发上，打着盹儿就可以免费收看全世界的好风景。旅行，那是跟自己过不去。

　　办一个"爸爸不旅行"网站，保管收集全世界志同道合的爸爸。

　　爸爸的旅行在哪里？

　　他是一个大少年时，那曾经浪迹天涯的梦想。

　　看过一部印度电影，一个小伙子在他成为新郎之前，约了三个童年好友去西班牙玩。"婚前旅行"是他们那里童男子的习俗。一路看斗牛，潜海，观风景尝美食，听女郎唱歌，乐得不行，没想到半道上，新娘子潜伏在他们要住的酒店，截住了新郎。电影看到一半时，就断定小伙子这婚是结不成了。果然如此！

　　女人把工作辞了。新郎的结婚礼服试了 N 身未定。跟一个漂亮姑娘说几句要追踪盘问不休。呵，呵，结婚，就是跟自己过不去。

　　爸爸的翅膀就这样被一点点剪去了。

　　那海阔天空的自由啊！

　　爸爸拿走那掉在沙发上的几根头发，蜷缩起庞大的身体，如今是只能在梦中回味那浪迹天涯的少年梦了。

　　南妮，本名杨晓晖，新民晚报副刊编辑。

做　饭

张怡微

我到台湾念书，添上交换生时期，已经第四年了。在这四年中，只有一年的春节，我因一些工作在台北度过，那彻底打破了二十多年来的惯性。后来我母亲回忆说，"过年时你不在，特别冷清"。我很意外，即使我从不觉得我的在与不在会有多重要，但到底还是感到心酸。

去年很早时，母亲就叮咛我一定要回家过年。为此她不惜让我随便开条件，点菜或者要礼物。我说我没什么要求，就是想吃春卷。台湾的小吃虽然好，但毕竟不是上海的味道。馅少了冬笋和荸荠，醋也不是镇江醋。酒不是绍兴酒，还少了一年一度风干的咸鳗鲞。母亲一口答应。

但回家以后，很长一段时间里，我都没有吃到春卷。母亲的确变着法儿做菜，短短一个礼拜里，我吃了香菇焖蒸童子鸡、红烧牛肉、腌笃鲜、葱烤大排、葱姜炒竹蛏，早餐更是有我念兹在兹的黄泥螺、大头菜、糖年糕……我不便抱怨还有那个遗漏"小愿望"，想想大约母亲忘记了。这其实也没什么要紧。

我母亲的春卷，饱满、丰盈，每只都塞得差一点就要破皮，又控制得刚刚好。内馅是娃娃菜、肉丝、香菇、冬笋与荸荠。在台北吃饭时，我很少会点春卷，我不喜欢那种扁扁像被睡过的记忆枕一样的小食。我觉得那是属于母亲的专利。没有人能够超越她的"手势"。甚至连"超越"这样的事，都是一个伪造的假设。就算有比母亲做得好吃的食物，也没有人能够替代她的味道。

因为开学早，我总在年初四就动身返台。去年也是一样。初四晚上，我将行

智慧感悟

李打点好，就打算要休息了。忽然听到厨房一阵"兹啦"清脆的油响声，而后从门缝里漫过一阵细细的白烟香。母亲炸春卷了！端到我房间来时，盘里金黄酥脆五只春卷热腾腾地躺着，母亲说"喏，到底是姆妈。想想还是要给你吃一吃。"

"那你为什么之前都假装忘记了啊？"我边吃边烫嘴边问。

"你知道起个油锅我要擦多久吗。厨房小炸个东西真是不方便啊！"母亲幽幽地说。"但是后来想想你又要走了，就舍不得。最后还是炸了。明早你上飞机前还能吃一顿。反正也弄脏了。你走了我再慢慢擦。"她又补充道。

我一时不知该说什么，心里是开心的，但更多是觉得好吃，那真是我想念的滋味。但等不及我先吃完表达谢意，母亲就开始自夸："吃遍天下盐好，走遍天下娘好。你外婆跟我说的，我到现在才懂。"

"哈哈，但我已经懂了，我比你强。"我回答。

"十三点。"母亲白了我一眼，笑了起来。她看我吃了一个、两个、三个、四个、五个。因为我的狼吞虎咽，我们甚至什么话也没有说。她几乎是完整地看着我吃完，最后将盘子端走，嘱咐我早点睡觉，就静静关上了门。

那天，其实我是熬过零点迎财神的爆竹声后才真正睡着的。脑海里跑过许多往事，快乐的，不快乐的。自由的，及自由背后的代价。即使我从不觉得我在与不在会有多重要，但到底过年，还是会感到心酸。

时易世变。

去年五月的时候，外婆罹癌。这突如其来的变故，令到我整个家族生活的节奏开始紊乱。我夏天放学回家，也再体会不到那种"唯我独尊"的优待，几次去看老人，她都消瘦得令人心惊。母亲每日要给外婆做饭，外婆却难以吃任何正经的餐食。母亲自然觉得"怠慢"我。她甚至常常挂嘴边说对不起我，虽然我们都知道并不是这样一回事。

有天我对母亲说，今天我来做饭吧。她不置可否，好像没有表现得特别意外。也没有问我什么时候开始做的饭，拿手菜是什么。那段日子她显得特别忙碌，忙碌中连难过都快要被淹没了。

我是在学习做饭之后，才略微有一点懂得前几年母亲的小顾虑。好吃的东西不仅需要花费气力准备，更需要收拾的耐心。无论是春卷，还是我早已通过网络上的菜谱熟知原理的糖醋排骨、红烧鱼、鲑鱼豆腐汤……油炸是不可避免的，但料理前后的准备与善后却颇费苦力。

但母亲那天从医院回来，见到满桌菜还是显得有些激动。而我已经做完了自己生活所累积的全部成果。她笑盈盈地说："啊呀我居然也有现成饭吃了！像去姆妈家里一样。"听得我也笑盈盈。

可惜她越吃越沉默，最后我们之间竟然什么要紧的话都没有说。我问了她外婆的状况，她答了一些，又遮蔽一些。最后忽然说："妈妈真的老了。你跑出去那么久，我一直担心你。现在我知道你没有妈妈也不会没有饭吃了。这样我也好放心了。"听得我十分难过。我原以为的夸奖欣慰一件都没发生。

母亲后来对病床上的外婆说我做了一桌饭很好吃，外婆也很高兴，问我做了些什么，我说了一遍，外婆说，"真好。可惜我都不能吃了。"我在一边，傻愣愣完全不知道该怎么接话。

其实，若早知道我做个饭会惹来两代人这样的反应，我还是外面买些吃会更好，更简单。想到井上靖写过的，父母是我们和死亡之间的屏障。然而，再坚固它也总是会消失的。要孤零零站立于苍茫人世间，我与母亲之间忽然有了一些互相懂得的复杂滋味。

记得那天我问她："好吃吗？"

她说："太好吃了。"

但我却没有理应表现的那么高兴。

张怡微，1987年生，上海作家协会签约作家。出版有长篇小说、中短篇小说集、散文集十一部。在两岸三地获得文学奖若干。

18楼A座

简 平

我在18楼A座，与来自德国的合作者主办一份女性时尚杂志。从18楼A座敞亮的玻璃窗望出去，是雄伟的南北高架，因为正好位于市中心的这一段，所以日日夜夜车流不息。尤其是在晚上，连绵的车灯，连同周边高楼大厦的霓虹，真是灯火辉煌。而18楼A座的灯光也总每每亮到夜半。

这份杂志的编辑是清一色的女性，她们每人都负责一个专题，有社会专题、情感专题、职场专题、时尚专题、健康专题，另外还有美食、旅游、阅读等等，应有尽有，无所不包。杂志的读者多为都市白领一族，当然也有很多是即将毕业或刚刚毕业的年轻女孩，甚至还有身在乡镇却向往大都市生活的人们。她们每天都会给编辑发来许多电子邮件，有的则是贴上邮票寄来的手写信函，因为她们有不少的困惑和问题想问问编辑。事实上，这些信函正是我们杂志选题的来源，所以，我也常常阅读，也常常与编辑们讨论。每次的讨论，总是让我生出很多的感叹。

杂志社的这些女编辑言谈举止既有职业相，也有文艺范，更多的是具有时尚感。为了工作，她们穿梭于顶级沙龙、论坛、影楼、餐馆，以及各种服饰店、新车展、健身房……步履匆匆。她们在搭乘升往18楼的电梯时，总是引来羡慕的眼光。可是，我知道，光鲜背后，其实，她们也有自己不少的烦恼和忧愁。就像那位情感编辑，当她校读一篇讲述恋爱中的男女该如何更好相处的文章时，竟是泪水涟涟，因为她的男友在情人节的时候想给她一个浪漫的惊喜，但一大早，杂志社却将她派往外地采访，如是者三番五次，导致男友提出了分手。那位职场编辑，已在这里工作数年，她精通业务，才思敏捷，也充满工作热情，但是，这里已无法给她提供更高的职位了，当她编辑安心工作、顺其而为这样的稿子时，轻轻地叹着气，她心性很高，她想离开这里了，去寻求一个更加广阔的天地。

我是一个男士，但女编辑们的心绪却一直缠绕着我，或许是因为我觉得自己能够感受到她们心里的点点滴滴，我能感同身受般地理解她们所有美好的愿望和期盼。于是，每当下午茶的时间，我常与她们捧着浓香的咖啡，坐在大玻璃窗前，放眼眺望延伸向远处的高架桥梁，聊童年往事，聊青春岁月，聊生活的遭遇，聊心中的愿景。我发现，她们能各自承当自己负责的专题，与其说是一种巧合，不如说是一种天意，因为她们都对自己的工作富有责任感和使命感，每一个业务环节都了然于心。那位对所有世界品牌服装、化妆品、汽车、手表等等如数家珍的女编辑，出身名门，父母都曾在国外留学，自己也能说一口流利的德语和英语，她甚至比来自汉堡的合作者了解更多的德国文学。我不说她是什么精英，但她是一位努力着希冀成为优秀女性的人。我怎能不为她骄傲。18楼很高，但是，离天还真的不算太高，天还在无限的上方。因此，我和她说过，我们放飞最远的梦想吧，但不管在哪里，不管在哪一天，我们都脚踏实地。那一天，我安排她去做一位著名大提琴家的采访，她打扮得知性温婉，在渐渐垂下的黄昏的帷幕里与摄影记者打车前去。我在玻璃窗前隐隐约约地目送着她。后来，她发回一篇精彩的报道，她在稿子里引用了德国诗人歌德的诗句："我看到你，从你的秋波里，就倾泻出温和的欢喜；我的心完全守在你身旁，我一呼一吸都是为你。"我的德国同行们读了，面面相觑。后来，每当我听到大提琴声，循着这座都市每个灯火璀璨的窗口，仿佛总能见到这位女编辑的身影。

美食编辑与我最谈得来了，因为她的减肥誓言说多了，别人就不听不信了，但我还是听她信她的。不要以为这个做美食专题的就是个吃货，其实，她只是天生是个胖胖的女孩，就是光喝水也不会成瘦子的。但是，我要求她必须是个美食家，一个做美食专题的编辑一定要成为美食领域的专家，不然，没人相信你能做好这项工作。所以，她就尽力着要让自己成为一个专家，让自己做出来的版面最好看，最有可信度。但她有时也很心烦，一个胖胖的女孩去各大著名的饭店餐馆拍摄美食照片，人家总会用怀疑的眼光注视她，因为时下流行既要美食又要骨感，苗条的女孩做美食才讨人喜欢。她不无坦诚地跟我说，有时心里会生出一些自卑感来的。我说，你想想，我们是时尚杂志，什么是时尚，时尚就是与众不同。她听了大笑起来，所以，就此不放心上去了，虽然也会自嘲地嚷嚷着减肥。她制作的美食图片令人馋涎欲滴，连德国专家都点头称道。一位女编辑在自己从事的工作中，能够自信豁达，不畏不怯，这是何等的了不起。

18楼A座的前台放了一棵名叫散尾葵的树，绿色葱郁，长长的叶子向上展开，犹如凤凰的尾羽，在聚光灯的投射下，显得华贵而优雅。每当我驻足树前，心想我们杂志社的这些女编辑何尝不是这样呢，她们默默无闻，她们心怀理想，她们身手不凡，虽然与所有的人一样，在现实生活中不尽完满，但她们知道这便是生活本身，而且她们还通过自己编就的杂志告诉人们，生活就是这样，这样的生活才会让我们想着要有所追求，有所突破，有所希望，有所美丽。

简平，中国作家协会会员，新闻高级编辑，影视剧制片人。现供职于上海广播电视台，曾任某女性时尚杂志执行副主编。

紫 缘

竹 林

　　许多年前，台湾的表婶初次回大陆探亲。为着一份亲情，我想送表婶一件礼物。在台湾大学里担任心理学教授的表叔暗示我，表婶嘛，也是在上海出生的，凡上海女人喜欢的漂亮服饰，她都喜欢。其实，没学过心理学的我也懂，哪有女人不爱美呢？表婶在台北的一所女中任教，谈吐不俗，衣着讲究，举手投足间，有一股从骨子里透出来的温柔和优雅。而我则伤透了脑筋：我送表婶什么衣服呢？那时上海的服饰还不如现在这般争奇斗妍，淮海路上的精品店，你进门便会被价格吓个跟头；而我能接受的价格呢，那面料、那款式，也实在太对不起表婶的风度了。

　　柳暗花明是突然间发生的。无意中从锦江饭店后面走过，被那条街上的一扇橱窗里透出的绚丽所吸引。绚丽来自一些手工编织的衣衫，不见名牌的孤傲，却自有一种小家碧玉式的精致和亲切之感。我走进去一件件看下来，竟是欢喜异常。我终于选中了两件：一件是纯白底色，玫瑰红色小花深深浅浅缀于其间，像一个纯净少女的梦，遥远而又清晰。另外一件颇富有泥土意味——土黄和深绿相间，图案是一片片秋叶，仿佛无言地述说着那种生命步入秋季的沉稳和丰厚之感。我爽快地付了钱，因为价格也较平易近人。

　　表婶很开心地接受了我的礼物。在上海的日子里，表婶以这两件编织衫配她不同颜色的裙子，哪里看得出她已是五十好几的人？表叔也很开心，回台湾后写信来说，大陆改革开放，从上海的衣服上都体现出来了。

智慧感悟

花了不多的钱还为我们的改革开放挣来了一次面子，我洋洋自得。从此，我便注意起了锦江一条街上的那些个编织专卖店了，路过时，常常会进去看看。年复一年，店里的色彩越来越丰富，衣服的款式也越来越多变：长裙、短裙、时装、旗袍……不知一颗怎样的慧心，为这些来自民间的手工艺揉进了时尚、融入了现代？

不久，那儿的一袭紫色旗袍牵住了我的目光。都说紫色神秘，有忧郁、有热情，但非得天意垂顾，女人难得穿好紫色。不能免俗的我对紫色也持谨慎态度。可那袭紫色旗袍确实很特别，也许是因为浸透了手泽的温润，总觉得华贵中又有一种能够触摸到的体贴在内，让人不由得不去亲近。

不过，我还是没有能下决心掏腰包。但每隔一段时间，我就去看一看它在不在。与它相对的瞬间，会有朦胧的旧梦从心底升起。紫旗袍无袖、开衩很高。我想象许多熟识的朋友——包括我自己——穿上它时的样子：修长的腿（如果有的话）和秀肩（假如年过四十依然身材挺拔）是不会被埋没的，但又不是一览无余地暴露；风情在若有若无中透出，美在东方式的含蓄里升华。当然，腰腹部的脂肪也不可有一点含糊，否则"风情"会被无情恼了。

有时我走在街上，天空是柔柔的灰，但心中的那片紫色，总是挥之不去。我想象混沌初开、女娲炼石补天时，身上就穿着那件紫色的旗袍，披肩飘飘，那闪闪的珠片正是点点星光缀成。

冬季的一个雨天，我撑着伞走在淮海路上，忽然心血来潮，又想再去看看那紫旗袍。闷头边走边想心事，走了一会猛见前面一条横马路，马上一转弯，低头闯进店里，收拢了一把湿淋淋的雨伞，却发现紫旗袍不见了。一定是被顾客买走了。我有点失落，举目四望，发现店面无端地变窄了，虽然那些模特身上也穿着编织衫，但却没有了我熟悉的那种感觉。我迷茫地返身走出店门，"啪"地撑开伞朝前走去，没走多远，那家专卖店竟赫然跃入眼帘——原来是我刚才在雨中走错了地方。

还好，那件紫色的旗袍还在那儿！它拒绝了外面的冷风冷雨，一如既往默默地站在那儿，像一个有灵性的生命，一团有热量的火光，温暖了我的双眼，给我的心以抚慰。

其实，你喜欢一件衣服，就像喜欢一个人，并不非要你一定嫁给他或者将她娶回家。好多衣服是有灵魂的，在茫茫人海中，也许只有一个最独特的相配，才能使衣魂和人魂合二而一、相得益彰；才能使主人穿出风度，穿出不刻意雕琢的自然之美，也穿出这美的千变万化。当今世界，衣海茫茫，名牌如过江之鲫；但对一个女人来说，弱水三千，只取一瓢——最适合自己的一瓢。而对我自己来说，紫旗袍虽好，但没有可穿的场合，与其买来幽闭橱中，任其香消玉殒，不如让它待在架上挽留过往顾客的脚步，等待真正知音的拥抱。

记得表姊曾说我送她的两件编织衫，一件织出了春天，一件织出了秋天。外表文静的表姊其实生性活泼热情，尤其喜爱户外活动。她常常和自己班级里的女生们一起爬山、郊游、跳土风舞。表叔告诉我，表姊跳土风舞跳得出神入化，她跳舞时总喜欢穿凝重而热烈的衣服，在激越的舞步中，她的衣裙就会旋转出浓郁的乡土气息和温柔神秘的青春梦幻。

想到这里，我的心中忽然有了灵光一闪——是了，也许只有表姊，才是这件紫旗袍的"知音"！我立刻决定去买下来，待爱美的表姊再来上海时，我要带给她一个美丽的惊喜与诱惑；让那件紫色的旗袍，找到它真正的主人。

竹林，原名王祖铃，中国作家协会会员，上海作家协会专业作家。著有《生活的路》、《女巫》、《呜咽的澜沧江》、《魂之歌》、《今日出门昨夜归》、《竹林村的孩子们》等长篇小说和一些其他文体的作品。

上

　　　海

　　　　　女

　　　　　　声

●

书 香 门 第

中年人在咖啡桌前说什么

陈丹燕

秋阳灿烂，想来现在温暖干爽地照耀在我家的墓地里，想来照亮了长辈们如今刻在石头上的照片里的面容，微笑，白发。还有坟上的罗汉松，想来它也应该长得很好。在天涯海角的古老庙宇，我烧了一炷平安香。起身离开时，望到门楣上写着两个字：解脱。应该这是来自他们的安慰吧？经过那道古色古香的瓶门，向前去了。这是才醒悟过来，这做成古代花瓶般的门，取的是平安的意思吧，似乎我对他们的祝福，阴阳相隔，仍旧惦记要是没有了我的照顾，他们垂垂老矣的身体和心灵，在那端平安与否啊。

从庙宇出来，和同行的两个中年文学教授去咖啡馆避太阳。我们相识多年，但也仍是开会时候见面，若不是躲太阳，也不会一起去咖啡馆。

咖啡桌上聊起新读的书，新喜欢上的晓芳窑，新做的事。中年人不得不说到自己的孩子，如何的长大了，如何的自立了，在孩子离开家求学时自己尝到的人生的甘苦。然后就说到了自家已经老去的父母，爸爸妈妈如何的离去了。谈不上熟悉的人，坐在对面，突然就一一红了眼眶，然后，满脸泪。爸爸妈妈都离去了，可是没忘记。

咖啡馆的桌前，年轻人在一起，峰回路转，总要说到爱情。在异乡咖啡馆那长满绿萝的角落里，只要看到年轻的脸上那样按捺着兴奋与犹疑的脸色，也就知道他们在说什么了。那样的脸色让我想起自己年轻时那些总也说不够的时候。

如今在我桌前，我将一张雪白的纸巾轻轻推向满脸泪的教授，他心中的怀念好像灯光一样照亮了我的。我的眼泪也在打转，就像年轻时与人分享爱情的酸甜时，脸上的笑意。

想到自己年轻时，也曾看到几个中年人相聚，两眼红红的尽是眼泪的情形。

那时只觉得这样在人前哭泣，真的不体面呢。那时我以为人年长起来，就应该越来越体面，平静，越来越石佛。现在知道不是这样的。

现在算是知道那些中年人在一起，到底峰回路转说些什么了。原来他们不说爱情的欢喜与悲伤，他们有更长久切肤的爱与更深和绝望的悲伤要说。现在要是为了失恋而痛不欲生，好像就觉得轻了些，好像冬天的棉被有点分量才觉得实在那样。中年原来有这样的重量，与对重量的需求。

对中年人来说，这个世界是由父母健在的人和父母不在的人组成的。

陈丹燕，中国作家协会会员，上海作家协会理事。少年时代开始写作，当代都市文化代言人，著有长篇小说《鱼和它的自行车》、《慢船去中国》，上海三部曲《上海的风花雪月》、《上海的金枝玉叶》、《上海的红颜遗事》等。

未被妆扮的少女

彦 火

上海侨办组织一次"世界华文作家品味上海笔会暨上海采风活动"。临离开上海，陈丹燕问我："你这次'品味上海'之行，最大的感受是什么？"

我不假思索地说："土山湾博物馆！"

"为什么？"

"太感动了！看到一页真正被还原的历史。"

胡适曾说过："历史像一个百依百顺的女孩子，你要怎样打扮她就怎样打扮她。"历史是一个经过人工细心打扮的少女。过去是这样，今天更有甚之。她真正的面貌深埋在浓妆艳抹之下，被人为地扭曲了。

土山湾博物馆位于今蒲汇塘路55号，是原土山湾孤儿院的旧址。博物馆以图片、文献、实物、投影、影视，综合展示了土山湾孤儿院的真实面貌。

上海耶稣会在此建立土山湾孤儿院，创办了土山湾孤儿工艺院；中国近代的新工艺，如西洋油画、木雕泥塑、彩绘玻璃、印刷出版及镀金镀镍等皆发源于此。

引述展馆上面这段话，并没有任何政治术语、文字确认这辉煌的业绩，是过去一直被刻意描黑的耶稣会领导的中国孤儿院所创造的。

博物馆的入口处，矗立了土山湾百年牌楼。这座高五点八米、宽二点二米的牌楼，全部是柚木雕刻。牌楼中仅是雕刻部件，便有几千件。这座牌楼精致极了。很多部件是镂空雕刻的，线条流丽，精妙处，令人叹为观止。用鬼斧神工来描绘，也许已落了俗套，因这是孤儿院的孤儿在名师指导下，以专业的技术、睿哲的智慧，加上一丝不苟的认真态度的集体创作。

单表这座牌楼的遭遇，与洋人也有千丝万缕的关系——

土山湾牌楼首先于1914年由上海运到旧金山参加巴拿马——太平洋世界博览会，同时还展出从土山湾孤儿院出品的百多件艺术品和工艺品。

独具慧眼的芝加哥哥菲尔德自然历史博物馆的代表，为这牌楼所吸引，不惜重金收购。这座牌楼后来被安放在该馆的主厅展出。

此后土山湾牌楼几经易手，一度落在纽约开咖啡馆的中国人张先生手上，本来可以改变她多舛的命运，重归华人社会，可惜由这位张先生再转卖出去。

牌楼曾落在一位自称热爱中国建筑文化、有意修复牌楼的美国人手上，他却把牌楼值钱的构件变卖了。

还是由一位叫 M.Woelen 的洋人把她抢救出来。他是北欧建筑师，他亲自与上述的美国人交涉，并且诉之法庭，最后赢得官司，才得以抢救出剩余的土山湾牌楼的构件。这位热心的建筑师还成立基金会，进行牌楼艰巨的修复工作。这座修复的牌楼尔后一直置放在瑞典的博物馆，后来经过中瑞双方政府的洽谈，于2009年重归母亲的怀抱。

土山湾博物馆把耶稣会办的孤儿院风貌、历史沿革，以及由这个孤儿院所制作和创作的精湛艺术品，原原本本展示给观众，不加渲染，没有口号，抱持一种尊重历史的态度。

当我凝睇这个未经任何妆扮的少女，感到一股夺人的风采，令人驻足徘徊！

彦火，本名潘耀明，香港知名作家、编辑家、出版家。1984年攻读美国纽约大学出版课程，文学硕士。现任《明报月刊》总编辑兼总经理，《国学新视野》特邀主编，《明报明艺》主编，香港作家联会会长。中国作家协会会员。

午后微风闲翻书

潘向黎

好像是忽然之间，到处都是深深浅浅的绿和浓浓淡淡的桃花樱花海棠花，阳光恢复了暖意，风吹来，也像一声声轻轻的问候，整个世界重新被希望覆盖。

在这样的天气里，会让人生出孩子气的希望，最好所有人都没有疾病、贫穷和愁苦，然后集体放大假，而且都有时间、有心情晒晒太阳、看看花、踏踏青、喝喝茶、发发呆……总之做所有让肢体和心灵松弛下来的事情，或者什么事情都不做，就让自己舒舒服服地闲着。

爱茶的人，更多一个理由爱春天：春天是新茶的季节。今年，我的两本小书——《茶可道》《看诗不分明》出版了，正赶上新茶时节，这个偶然的"恰好"，让我格外舒心。

说起来惭愧，《茶可道》的第一篇是 2004 年 5 月发表的，到今天（2011 年 4 月）已经快七年了，这些年来，有许多读者朋友来问："什么时候出书？"有的朋友出国留学去了，几年后学成回来，再问"书出来了吗？"回答居然还是"没有"。有的朋友年年送我新茶，说用茶来换书，茶喝了几年，书还全无踪影，弄得我像骗茶喝似的。甚至有的朋友怀疑没有出版社理会我，很仗义地要为我介绍出版社……唉，书出得这样迟，全是我的不是，因为我执意想让《茶可道》和《看诗不分明》一起出，而且想找一家最好的出版社，把它们出成让我愿意作为小礼物送给朋友的样子。

看到书的时候，我觉得我的小固执应该被原谅，因为它们是我希望的样子。

现在，我把它们献给朋友们，希望大家品着新茶之余，翻翻这两本书，能觉得还算相宜。

书是各种各样的，读法也自然不同。有的书，需要人正襟危坐、全神贯注地读；有的书，需要人沉浸其中，哭之笑之；也有的书，只是让人在清闲的时候，拿起来随手翻翻，翻到哪页读哪页，坐卧不拘，读读停停，边喝茶边看不消说，边听音乐边看也可，边吃零食边看也可，有事要忙了就放下，空了想起来就再接着往下看……这两本小书，大概会是这第三种。

如今一个"闲"字，一个"静"字都难求，我自己是把"茶"与"诗"当作一道帷幕，放下来，暂时遮住生活的忙碌、喧闹和局促，换来片刻非日常的闲和静的。不知道这两本小书能不能成为读者的一道小小的帷幕？

有一位多年的朋友，从来不曾好好看过我的任何一本书，我也从不指望她的评价（不论夸奖还是批评），但是这回有点意外，她发来短信说："今天天气好，在花园里修剪了花枝，然后在躺椅上晒太阳，信手拿起你的书，翻了翻，没想到竟看了起来，一直看到现在。书不错的，很配这春日午后。微风徐来，似有清香。"

听上去真是美妙呢——树荫下，花枝旁，暖暖的阳光，宁静的人，闲暇的时光。微风翻动着书页，空气中浮动着清香，不知道是来自花和叶，还是来自诗与茶。

潘向黎，中国作家协会会员，文学博士，文汇报社特聘首席编辑。

佛　缘

孙　思

一次，回老家的途中，我指着那一大片掩在绿树深处的人家，对儿子说："那里是母亲出生的地方，什么时候领你好好看看！"儿子不以为然地说："有什么好看的，您又不是鲁迅！"儿子的话令我哑然失笑，但也能理解，作为新新人类，儿子和我们不一样，对自己的出生地没多少感情。

但我对这地方却是有着特殊感情的。五十年代初期，父亲和母亲带着大哥二哥，从上海来到苏北，从此在这个地方扎下根。六十年代初，我在苏北出生，因为母亲没有奶水，父亲先后为我雇了五个奶娘。那个时候雇奶娘，不是把奶娘请到家里，而是把我寄放在奶娘家，按月付她们酬薪。在第四个奶娘家不到两个月，我瘦成了皮包骨头，我母亲问奶娘是怎么会回事，奶娘不敢隐瞒，说她已经半个月没奶水了。母亲抱回我，哭了一个晚上，确定我养不活了，就和父亲商定，要把我放到村子旁的中山河里。母亲说："姑娘是水做的，就让她回到水里去吧！"大哥、二哥知道了，围着父母哭，说妹妹还有一口气，怎么可以扔掉。父母本也于心不忍，抱着我连夜敲开了一家刚生过孩子的年轻妇人的家，这个妇人看到我眼睛都睁不开了，不敢接受。母亲说，她没病，是饿的。这位妇人便接下了我，成为我的第五个奶娘。几天后，父母去看我，见我在奶娘的怀里扑腾，脸色粉粉的水萝卜似的，禁不住喜极而泣。

于是，我侥幸捡回了一条小命。外婆说是佛的保佑，因为我出生的老房子，从前是座庵。既然是座庵，就说明我跟佛有缘。要不怎么在父母已确定我再养不

157

书香门第

活时，第五个奶娘又救活了我呢？不仅如此，带孩子来我父亲诊所看病的那些年轻母亲，都给我喂过奶。外婆说她们都是观音派来解救我的，因为观音能闻声救苦。外婆还说我特别聪敏的原因，也是因为喝百家奶的缘故。

这自然是外婆的认识。但说来也有意思，在我以后的经历中，似乎跟佛还真有些缘分。1994年，我接到复旦大学中文系作家班的录取通知书，因缴不起学费，准备放弃时，复旦大学的一名佛家弟子和他的师姐师弟们，及时地为我捐了学费和住宿费。他们中有一位公司普通的女职员，一次就为我捐了一千五百元，而她自己平时省吃俭用，舍不得乱花一分钱。浙江宁波的几个给我捐学费的青年，一直到现在，我都不知道他们的名字，也无法知道他们的地址。

感动之余，我开始对佛教产生了兴趣，主动与之结了"缘"。我找来一本本的佛经开始研读，发觉佛教作为一门学问，实在是博大精深，里面包含了哲学、科学、美学、禅学、儒学、道学、历史等多方面的知识，而且对文学有着巨大的影响。中国古代有很多诗人的诗因为包含了禅机禅趣而著名。禅说："对于世界，对于人生和智慧，我们能说什么呢？然而，世界在对你说：你应该说！人生和智慧也在对你说：你应该说！"所以就有了天下文章。

所以佛教也影响了我的诗歌创作，让我的作品多少有了点禅意。

经是佛言，禅是佛心。除了研读佛经外，每去寺庙也常忘机于香烟袅袅，体悟于木鱼声声，常常地会生出参禅的心境来。但前不久在寺庙里遇到的一件事，却让我的心里不是个滋味。

今年夏末，作协组织一部分诗人去青浦活动，在一个寺庙里，有个和尚对我说："这位施主，你给二十元钱，我帮你念一遍《般若波罗蜜多心经》。"我点了点头，他就捻动佛珠开始念起来。念完，他对我说："施主，《般若波罗蜜多心经》会保佑你平安。"我把钱放到箱子里时说："师傅，您中间漏掉了几句。"他脸红了一下，说："我省略了几句。"我说："您没有全部念完。"这次，他的脸红到了脖子。

更有甚者，一名和尚请一名诗人抽签，这位诗人抽了，和尚很热情地给这位诗人讲解了签文，讲完后，待诗人起身时，他要诗人敬一百元香火钱。在诗人找遍口袋说抱歉没带钱时，该和尚脸色大变，指着大门叫诗人出去。

《般若波罗蜜多心经》积聚《大般若经》六百卷之精要。何名般若？般若是智慧。有哪一个大智慧者像那个和尚这样的？看来他还没有完全悟出般若之真谛，不悟，即佛是众生，一念若悟，即众生是佛。此庙的和尚大概还不能称之为和尚，连众生也有所不如。

出于对佛学的追慕，1994年，我在复旦中文系作家班读书期间，在上海静安寺皈依了佛门，成为一名居士。自从皈依佛门后，默背二十遍《般若波罗蜜多心经》是我每天必做的功课，这么多年从不曾间断过。我每天默背它一来为了修身养性，二来不可否认的潜意识里大概也想做个大智慧者吧！大智慧达不到，但修身养性之外，倒是锻炼了我的恒心与毅力。

看来要有佛缘也不太容易，哪怕是这些已经身入佛门的人。

儿子说我不是鲁迅，确实如此。凭我写的几首小诗，要说与鲁迅有缘也太自大了。但要说多多少少有一点佛缘，应该是的。

孙思，《上海诗人》编辑部主任，顾村镇诗歌文化工作室主任。

爱情通常在路上

小 饭

隔壁单位的一个女孩在隔壁一家报社开了专栏，说起自己当年的追星经历："电梯停在富豪东亚 12 楼餐厅，门开，他玉树临风赫然出现在我面前，于是'张玉宁，带我走吧。'我说。他惊，'去哪儿？''你去哪儿我就去哪儿，天涯海角。'他愣一下，说，'你等我，我下去一次再上来，就带你走。'他当然再也没有上来……"

这个女孩被我朋友描述为"智商情商加起来不超过六十的"，跟她聊天相当于给自己大脑下蒙汗药。朋友的尖酸评价并没有影响到我对她的判断。她只是莫名其妙和不切实际，在所有关于女人的可怕之处里算是比较平常的毛病，平常到几乎可以不被称为毛病。

男人不怕一个女人智商低，爱做家务和温柔体贴甚至只有在低智商的女孩中才有可能，而女人不切实际是怕的，真话；但一般碰到也只能挖空心思去迎刃而解，用更加不切实际的方式吓跑她。不切实际是一种被低估的美德，美到有时候就是让人惧怕，这也是我对这位朋友始终抱有兴趣的关键理由。他们清楚这个世界所有的实际都是狗屁，都是枷锁，都是努力要去打破就算最后失败也会因为你曾经试图打破而觉得光荣，所以对待实际，她们不切。

另外不切实际能给观众带来新的看问题的角度、喜感以及同情心，能提升身边人的境界呀，故而本人认为不切实际值得推崇——只要跟真爱不搭边——因为显然，我在这里也是提倡真爱的。

话说咱们新中国六十周年那次阅兵，看罢辉煌和闪耀，这位莫名其妙大师又开始对拥有翘屁股的某位海军哥哥想入非非了。"我托人去问了，恰好是我那个叔叔下面的人。""人家有女朋友了吗？你这样很危险，如果人家结婚了你这就是在犯罪。"作为一个损友，我对她说了半天海军哥哥不会喜欢你这样每天逛八小时八卦论坛的三八二十四岁女人的。不知道是否对犯罪的抗拒，还是别的什么原因，此事总算不了了之，没多久她欣欣然又去爱慕一位大叔了。这一次倒霉的是一位中年导游。

"那次团里只有我一个女的，他自我介绍来自南京，我也是南京人啊，所以就有了亲近感，酒店 CHECK IN，一帮人很混乱，但是他注意到了我，帮我提箱子，后来一个团友给女儿买了块表，大家正竞相传阅，我说了好几遍给我看看，没人理我，大叔他就说'人家女孩子说了好几次了……'，登时我就爱上了他。"

旅行中的爱，也就是我本文的主题，来得晚了一些，有点压轴的意思；而且前面的铺垫也至关重要。上面说莫名其妙大师爱上中年男导游的大概率事件也是为了佐证我的观点，虽然我喜欢这位朋友，但我必须尖刻地指出在她身上不可能有真爱，这么一个朝三暮四郎，在她没有改变这种轻易爱上一个人的毛病之前，她的存在完全是对真爱这个崇高概念的超级讽刺。虽然每次她都说"这回是真的"。

以我对旅行之爱的了解，那种陪伴更多的是为了寻找即兴的激情和陈年老慰藉，或者还包括谁也不用为谁负责的轻松。旅途中的空间感和时间感是被压缩的，就像是特设了一个宇宙空间站，孤男寡女，一路上的所有景物全是配角，我不爱你难道我还能爱路边那个行色匆匆陌生的上班族？或者另外一个始终在寻找艳遇的坏家伙？那样的爱显然要比宇宙空间站的爱更冒险、缺乏安全感、抓不住。在那个该死的空间站里，男人为你提一包行李都会让你浑身酥软，要是再加一点眼神的暧昧、关切的语词，妈呀，基本上就必须得从了。以爱的成分来分析，怜爱最大，是爱慕中最牛逼的境界，旅行中也会产生，但就像你无人可爱，当时也只是你无人可怜悯而已。那个团里只有你一个女的不是么？没有选择的选择不可能是最好的选择。真爱可是在一群真假难辨的爱之中挑出来的呀。

话说答应跟一个异性出去旅行的，八九不离十，回来就都要跟朋友们宣布点什么。要是碰上不方便跟大伙儿宣布的，那小范围闺蜜们的聚会也少不了。有不少同学就是对我这么干的，以相约出去游山玩水为借口，回来告诉我们他们原本就深爱对方；可惜的是，大部分这么做的家伙最后都在海誓山盟的诅咒下分手，乃至反目。有成功的例子，但不能说这样成功了这样就是对的。科学精神要保证每次这么做都是对的，这么做才有说服力。那些冒险成功的，他们可能有更多的成功原因没有拿出来跟朋友分享。旅行享受的是轻，而生活不是由轻组成的，最轻的恋爱就在旅途中，如果你是个浪子你就去旅行吧，骚包通常都在路上。

看看在旅行之爱中我朋友的结果，莫名其妙大师在旅行结束后顺利得到了男导游的手机号，通过手机短信又顺利要到了对方的聊天工具，彼此在网上调情，据说足足有一个月。这一个月里她也懒得理我，整天做花痴状去查那个导游此刻导到了哪儿，那边的天气如何，治安如何，是否有文化底蕴——最后一个项目可以让他们在彼此调情的时候互相给对方脸上贴金。"这回是真的，我们彼此都深爱对方，在不能享受肉欲欢愉的情况下都能保持每天不间断的短信，这难道还不是真爱？你这个爱情白痴懂个啥！"她对我持续的怀疑精神产生了愤怒。

而一个月后的某一天，我这位朋友顺理成章地通过一次消防演习的亲历，成功爱上了那个消防队队长。恭喜她。

小饭，青年作家，《一个》App 执行主编。

书，五毛钱一本

王冬青

书，五毛钱一本，听起来有点玄。那是上个世纪八十年代的事。

八十年代是改革开放的初期阶段，中国大地江河冰释万物复苏。对文化知识的渴求和对自我价值的看重，让一批又一批有梦的人，走进夜校走进电视大学走进有形无形的课堂。新华书店里人头攒动，不亚于现在书城里的一座难求。

不再禁锢的文化市场，书目繁多。读者们欣喜之余又感觉力不从心。众多读者一方面补习文化，填补初、高中知识，以圆高等教育之梦；另一方面还要固守本职，争做生产能手，保障柴米油盐。因此，尽管求知欲望高涨，但阅读只能挂一漏万。当年的上海文化出版社，抓住了契机，适时推出了32开的综合知识小册子——五角丛书。

"五角丛书——文学、艺术、生活、体育、娱乐，它丰富着人们的生活，以五彩缤纷的内容给人带来新的开拓，新的欢乐。""当代人需要多维的视野和辐射性知识，五角丛书以全方位态势和文化快餐形式为人们打开了了解大千世界的窗口。"五角丛书的自荐言简意赅。每册定价五角，每辑十册，可套购亦可零售。因为是小册子，特别适合随身携带，装帧也很创意前卫，随时触及都会有想读的冲动。又因其涉猎广泛高度浓缩，以通俗快捷的方式给予新知识新信息新理念，很快成为不可或缺的文化快餐，简明扼要，直奔主题，非常适合记忆，因此，备受广大青年读者的青睐。

我是从《一个女大学生的手记》开始接触五角丛书的。这是一本随笔集，细腻而新锐。在众多趋于严谨的文本里，她是那样信手拈来不落窠臼，心思坦诚，文风直白。当时，我是一个刚出校门的大学生，书中的并茂文思和对生活的直面率真让我产生了阅读共鸣。现在想来，文中不乏"少年不识愁滋味，为赋新诗强说愁"的褊狭，但毕竟还是展现了一个热爱生活善于思索的新一代女大学生随性真实的心路历程。它甚至改变了我日记的唯美风格，让我对用真性情说话的人持有一种敬重。以致后来对素素和黄爱东西的随笔情有独钟。再以致几年后为企业报撰写《冬青树》栏目。这当是题外话。

五角丛书上至天文地理下至民俗轶事均有涉猎，满足了不同读者的知识和审美需求，具有雅俗共赏的特点。不像目下有些出版物心无大众盲目出位单求利益。随手列出其中第六辑书目可见纷繁可见趣味。《世界 100 位作家谈写作》《幽默的艺术》《人的生死之谜》《生活的艺术》《当代人与民俗》《话说太监》《自我突破思考法》《世界悲剧中的女性》《西方文化之都》《影坛夜话》。古今中外包罗万象，让饱受封闭之苦的人们眼界顿开见识广博，因此喜欢五角丛书的读者众多。引第七辑封底语佐证：一至六辑总发行量已达 3000 万册。这样的发行量，应该会让今天的作者和出版商们咂舌汗颜并匪夷所思吧？

改革开放初期，文化的闸门徐徐打开，读者的心仪和著书的严谨使出版物有了一种使命感。人们怀揣美好和庄重，在图书的海洋里寻寻觅觅，世界名著、历史史诗以及自然科学让人们顶礼膜拜，日益提速的生活节奏催生了文化快餐。也许五角丛书是如今网络文化的雏形，便捷、及时、信息阔大，但，五角丛书的宗旨毕竟是重文化轻快餐，不像如今文化已被速食，文化被赶进了市场，与商业暧昧相持。正因为如此，我为我对《五角丛书》不经意的珍藏感到欣慰。因为人是需要阅读的，文化让我们感知天地诠释内心。在繁华忙碌之余，为灵魂点一盏小灯，采撷文化的光亮，慰藉独行的寂寥和午夜的苍茫，照耀来时的烟雨去时的空旷。

王冬青，上海市作家协会会员，中国建设银行信用卡中心办公室副主任。

在春天播种的人

姚鄂梅

女儿生来老实而羞怯，凡需在众人面前亮出声音和肢体的活动，一概不肯参加。这种性格使她错失了好多本该在这个年纪应该收获的掌声，有段时间我真的担心她将来是个不容易得到快乐的人。

很快就上小学一年级了，第一学期基本上是适应期，学期快结束时，才学会自己收拾书包，自己找出家校通，一条一条对照着完成家庭作业，自己把作业本从书包里找出来，交到小组长手里。这时学校开家长会了，班主任孙菁是个年轻的女老师，人极富

亲和力，走上讲台，只说了一句：我们班的孩子们实在是太可爱了！小高潮立即引爆，要知道，我们这些做家长的，是多么多么想知道这些还没开始换乳牙的孩子在学校里的种种表现啊，接下来的情景真叫欢乐无边，孙老师逐一点评每个孩子，就像圣诞老人，背了一只怎么也掏不完的大口袋给我们分发礼物，每人都有份，每份都不同。孙老师有种特别的本事，她能在行云流水的讲述中不着痕迹不留缝隙地插进她跟每个孩子的对话，连孩子的语调和表情都模仿得惟妙惟肖。轮到我的女儿了，她说女儿朗读真好，咬字清晰，声情并茂，说着还模仿了两句女儿的朗读。高兴之余，我很感动，没想到孙老师考虑这么周全，知道我女儿是万绿丛中一点绿，没什么值得一说的，就找出朗读这样的细节来照顾一下我的自尊心。不过，孙老师点到即止的朗读让我印象颇深，既没有播音员似的冗长和沉重，也没有幼儿节目里的矫揉造作，她的声音轻盈饱满，节奏分明，仅仅两句，就能把人带入情境之中，沸腾的教室立即安静下来。

回到家，首先告诉女儿，孙老师表扬她的朗读了，然后迫不及待地让她把孙老师提到过的那篇课文读给我听。很快我便明白过来，女儿几乎是在复制孙老师的朗读，一样的断句，一样的节奏，连声音都有那么几分相像，单纯的她大概认为，老师怎么教的，我就得怎么学，而且要学得跟老师一模一样。

好吧，能依样画葫芦也不错，至少这个葫芦她画得很像。于是我也毫不吝惜地大肆表扬了一番。

谁知从这以后，羞怯的女儿竟真的爱上了朗读，每天写作业之前，先要大声朗读三遍课文，在我们这个口音浓重的家庭，她字正腔圆、生机勃勃的朗读常常令我深感欣慰。

朗读带来的小小喜悦，渐渐波及更深更远。许多次我去接她放学，都见她夹着一本从学校图书馆借出来的书。有一次，孙老师看见了，随手接过来翻了翻，赞了一句：阅读口味不错！

似乎是为了验证孙老师"阅读口味不错"这句话，女儿在阅读方面越来越如饥似渴，越来越呈超龄趋势，自然百科，人文历史，宗教艺术，没有她不喜欢的，走在路上，冷不丁冒出一两句话，都跟她看过的书有关。如今在我们家，桌上有书，柜上有书，枕下有书，窗台边有书，就连洗面台边的小柜子上都摆着一本书，早上起床，牙刷塞进嘴里时，眼睛同时落到书上，刷牙的功夫，她能看完一页。出门更是书不离手，去医院要带书，去旅行要带书，去饭馆吃顿饭也要带上书，说是等菜的时候可以看看。

一个令人惊喜的结果慢慢显现，阅读让她不再那么羞怯了，她甚至会在英语课课间主动去跟老师讨论《哈利·波特》里的情节。

虽然眼下她课业上的表现仍是平平，但我深信，一个人的书不会白看，自幼养成爱读书的习惯更是会令人受益终生。

有时往前一想，不觉遑然，如果没有那次家长会，如果家长会上孙老师没有提到女儿的朗读，如果后来孙老师也没有称赞她的阅读口味，女儿如今会是个什么情况呢？无法想象，不过，有一点可以肯定，她应该不会有那些超龄的海量阅读，当然也没有因为阅读而增长的自信。如今，羞怯的女儿居然参加学校的健美操队了，看来，精神的力量真的可以输送到物质世界。

后来，随着了解的加深，我得知那次家长会上孙老师对女儿朗读的表扬，真的只是出于公平的考虑，因为她想给每个孩子点一个赞，一个都不能少，想来想去，就给我无甚特别之处的女儿派了个不大可能露马脚的朗读，也就是说，那个表扬真的有夸张和牵强的成分，但是，一语既出，就像一粒种子，无意间掉在春天的泥地上，它竟然萌芽了，竟然就那样洋洋自得地长起来了。

不久之后，我看到孙老师写的一篇小文章，大意是对学生的表扬就像播种，但又不是春种一定会有秋收的种子，十粒种子能有一粒可以收获，就已经是大收获，有些种子，直到人生结束都还没有萌芽，但你不能说播下那颗种子是无意义的，问题不在种子，问题在人，没准是人生太短暂了，它来不及发芽，还有些种子，它已经发芽了，长大了，但我们无所觉察，因为它在成长过程中变了模样，我们认不出它来自何处了。

这才是真正懂得教育真谛的人呢，既非刻意，又非无意，既不要因为粒粒精选而吝啬手中的种子，也不要因为等候时机而错过播种的季节，尽管慷慨地洒出大把大把的种子，几度春风过后，自有幼苗破土而起。

姚鄂梅，著有长篇小说《像天一样高》、《白话雾落》、《真相》、《一面是金，一面是铜》、《西门坡》，中篇小说集《摘豆记》。

老知青小点心

季振邦

曾经有十年光景，我住的地方是老城区，地段虽然不高档，生活气息却十分浓郁。当年分房的时候，别人避之唯恐不及，我倒很对胃口。我本俗人，陶潜有诗："少无适俗意，性本爱丘山"，而我在"少"的时候就感到此话的格格不入了。

老城区的"生活气息"，典型之一，便是摊贩云集。我家门前的那条小马路两边，卖米的、修鞋的、补胎的、收旧的、洗染的、售报的、烤羊肉串的、炸臭豆腐的、削刀磨剪子的……五花八门，热闹非凡。我曾想，如果这里有条河，而我是一个画家，是一定要画一幅新的《清明上河图》以流传后世的。

每日，我都要在这条马路走过，左顾右盼，如游客观光，如周郎顾曲。而每每，我总要在一个做煎饼的小吃摊前小立一会。这里的饼煎得特别好，用"软玉温香"四个字庶几可以形容。如再加个鸡蛋，蘸些甜面酱，那是拿江山来换也不肯了。古人不要江山要美人，我是不要江山要煎饼的。

但，令我止步的不是这些，是小吃摊前木板上写着的一行字："老知青小点心"。点心果然是小，"知青"也确实老了。那是一个五十多岁的妇女，一手面粉，满脸沧桑。当然，令我止步的更因为我也是知青出身，1968年插队落户，把自己最美好的青春抛掷在了穷乡僻壤。几十年过去了，有时午夜梦回，仍百感交集。

为此，我对那位女摊主产生了亲切感，如同一起服过役的战友，如同一起受过难的难友。我是很想知道她当年插队落户在什么地方的，云南？北大荒？她又是如何回城的，病退？抑或那年大呼隆回沪？然而我终于什么也没问，三缄其口。

我知道，很多回沪的知青，老大归来，乡音无改，却身无长物。这几年往往下了岗或面临着下岗的压力。那位女摊主处境肯定不够理想，否则，何必出来摆摊？这毕竟不是文君当垆，丝毫没有什么佳话可以传颂的。

有的只是辛勤的劳作。一大早，她就要开始营业了。傍晚收摊时，则路灯已经大亮。这正像插队落户农忙时的情景：从鸟叫做到鬼叫。而收益无疑微薄。我分房到这里已历四个寒暑，未曾见她的摊位有任何变化。只有"老知青小点心"六个字变得斑驳，只有她的眉宇间更显出沧桑。

但她做的煎饼却是越发好吃了。她讲究质量，也卫生。特别是接触钱币时她的手都要不厌其烦地套上塑料袋，她说不能直接用手拿，钱脏。

钱脏吗？是的，钱脏。不知是否出于这个原因，据说毛主席也是从来不接触钱币的。然而，在另一层意义上，我要说你的钱干净，非常干净！凭自己的劳动吃饭，何脏之有？

老知青——我的老姐妹！我不是画家，不能把你画在当代的《清明上河图》里，但我要为你写一首诗。不是那种与我格格不入的"陶诗"。他写诗的时候，悠然于南山之下，而我，则久久徘徊于你"老知青小点心"的木牌之旁！

季振邦，上海人。1973年调入解放日报社工作，历任编辑、主任编辑、《朝花》副刊副主编，曾任上海作协诗歌专业委员会主任。1969年开始发表作品。1979年加入上海作协，2003年加入中国作家协会。

一把油布伞

管燕草

老 X 君是一位老人，只因我不知道他的名字，甚至连他的姓都不知道，所以只能在这里很有些无奈地称其为老 X，有时，我也在想，如若我知道他的姓，那么我便可以称呼他——老金，老张，或者老……每次向别人提到他，总是有些尴尬，我只能苦笑着并用颇为亲切的语气称他为老 X。

老 X 大约七十岁左右，确切的年龄我无从知晓。我遇到他的地方总是在离我家大约有两三分钟路程的公交车站牌下，他总坐在那只小板凳上，旁边总放着一块小黑板，上面写着：回收废品。仿佛是在很久以前，在我搬到小区居住之时，他便已经坐在那儿了。印象中，他是不太爱说话的，听人说，他有个很古怪的习惯，除了回收一些瓶瓶罐罐以外，最喜欢的便是回收书籍了，每每回收到书籍，他便会戴上老花眼镜坐在那只小板凳上读起来。别人的话，在我以后每天等公交车的时间段里得到了证实。奇怪的是，他几乎每天都出摊，无论是刮风还是下雨，小区里的居民也都喜欢或者说是习惯将一些旧报纸旧书籍卖给他，他们之所以这么做，一个重要原因是老 X 常会就书的不同品位而给予不同的价钱。我不知道这是为什么。

平时我也不太爱与老 X 搭讪，不过，自从那次之后便改变了……

那天早晨，我出门稍晚，急匆匆赶到车站，候车人蛮多的。不巧的是，等了没两分钟，竟一颗颗地下起了黄豆般大小的雨珠。我看了看表，回家拿雨伞上班肯定要迟到，但这雨眼看倒是要越下越大了，正当我进退两难，身边响起了一个苍老的声音，我回头便看到了老X，我是在看到老X看着我的眼睛时确定他是在和我说话的。

他说，没带雨伞吧？我说，你怎么知道？他笑了笑，并没有回答我的话，又说，天气预报说今天有中到大雨。我一愣，这才发现身边不少人正从包内取出雨伞并打了开来。他说，我每天都看到你在这儿等车，一定也住在这小区吧？我点着头。其实，我每天也看到他出摊。他说，我这儿倒是有把雨伞，你赶时间，就拿去用吧。

这……我有些犹豫起来。他说，晚上你回来的时候还给我就行了。我说，你的雨伞被我拿走了，那你自己呢？他不在意地一笑，说，我也住在这附近，况且，我也没时间限制，早就是退休的人了，过会儿，可以回家拿，只是，我怕你会嫌弃这把雨伞的。

我笑着说，那倒无所谓，雨伞本来就是用来遮风挡雨的。

老X说，好，那你就拿去吧。说着他便从旁边的一只箱子里取出一把雨伞递给我，当我看到这把雨伞的时候，我便有些愣住了，这是一把早已褪尽了颜色的旧雨伞，它让我不由自主地联想起深秋季节那枯萎的树叶。而让我更吃惊的是，这是一把很有历史的油布伞。

老X说，拿着吧，它已经跟了我四十几年了……哦，车来了，你赶紧走吧。我接过油布伞，于是看到了公交车正不紧不慢地驶来。

到了单位，雨已经小多了。看着同事们五彩缤纷的雨伞，我将油布伞收了起来。蓦地，油布伞忽然让我有了一种不可名状的感觉。

傍晚回家，雨依然在飘。路过老X君的摊位，老X君依然坐在他的小板凳上，头顶上撑着一把伞骨子有几根断裂的伞，只是没什么生意，他的手里还是拿着一本旧书，津津有味地在读。

过了两天，我似乎有些"预谋"地走近了老X，我借口忘了将油布伞带给他，与他攀谈起来。从老X嘴里才知道，他以前是厂子里的一名技术工人，他一辈子最大的嗜好便是看书，从年轻时一直看到现在，后来年岁大了，儿子顶替他进了单位。说到儿子他的话便多了，他说，儿子现在是出息了，当上了厂长，儿媳和他一个单位，是书记，他一个孤老头子便和小两口住在一起——三室二厅……

我不解地问他，既然这样，那你干嘛还要摆这个废品摊呢？老 X 沉吟了良久，在他沉吟的时候，我从他的眼里看到了一种很复杂的东西，是感慨？是惆怅？是苦涩？老 X 用低低的一声叹息回答了我所有的猜测。老 X 说，以前住房面积小，为了腾出地方给儿子结婚，只得同意儿子将我大半生收藏的书全都送进了废品站……书呵是个好东西，我这辈子算是离不开了……只是，儿媳特别爱干净，唉……

老 X 说完这句话，便什么也不说了。我恍然明白了，老 X 在这儿高价收旧书，难道不是老年人的一种生存方式一种生命需求吗……

几天后，我将油布伞去还给老 X，老 X 说，搁你那儿吧，这把油布伞已经跟了我四十年了，你可能没有注意，伞上有的地方还打过补丁。他们为了它也和我吵了好几回，我拿回去，保不准过两天就会被他们扔了，还是放你那儿的好。

我看着老 X 满是皱纹的脸，收起了油布伞。打那以后，每次我经过老 X 摊位都会和他打招呼，他也总是用一种慈祥的目光望着我。

只是在很久以后的一天，老 X 忽然便没来摆摊了，他的那只小板凳依然在，小黑板上依然还写着"回收废品"四个字。开头我们只道老 X 可能是有事，然而以后老 X 便再没来过。有的街坊说他病了，也有人说他儿子儿媳都是有头脸的人，不准他再收废品了，还有一种更可怕的说法，说是老 X 已经走了，他现在也许在另一个世界回收废品呢……总之，老 X 在我们的眼中生活中毫无声息地消失了。

我搬家的时候，老 X 给我的那把油布伞被家人处理掉了——没有人来征求过我的意见。于是油布伞也像老 X 一般从我身边不见了。

然而不知为什么，随着岁月的流逝，我时时会忆起那把褪了色的油布伞和老 X 满是皱纹的脸。

管燕草，毕业于上海戏剧学院，文学学士，艺术硕士（MFA）。上海淮剧团副团长，国家二级编剧。中国作家协会会员，中国戏剧家协会会员，上海作家协会理事。

少女风景

殷健灵

一个春天的下午，我应邀来到上海西区的一所市重点中学，那所学校有着 99% 的高考升学率，他们的管弦乐队是全市最好的学生乐团。那时候，我做着一份少女杂志的栏目主持，每个月都要找一些少女聊聊敏感话题，比如代沟，比如偶像崇拜，这一次，说的是早恋。

接待我的是一个扎马尾辫的女生，姓董，刚念高一。她独自一人在团委办公室等我，见了我，大大方方地介绍了自己，说老师开会去了，让我们自己聊。过了一会，女生们一个接一个推门进来，很有秩序地落座，互相耳语几句，然后微笑地看着我。

我说了话题，心里有些担心，生怕她们因羞涩而冷场。我说："你们是不是觉得早恋是一件很不好的事情呢？"

"没有。"她们不约而同地笑了，露出洁白的牙齿。

气氛慢慢活跃起来，她们争先恐后地发言，这有些出乎我的意料。

"有时候，大人喜欢用他们的想法来估计我们，男女生走得近一点，他们就用'早恋'来扣帽子，其实我们之间很单纯，哪有他们想象的那样复杂。"黎很爱笑，齐肩的头发在脸颊边一晃一晃。

"我们知道如何把握自己的言行，真正的男女生友谊反而对双方都有促动。"陆说完，用征询的目光望了望大家。

"那么，大家会不会在背后议论那些男孩和女孩呢？"我问。

"即使议论的话，也是善意的。其实，这样的友谊很美。"说话的廖个子很高，据说是学校的排球队员。

"不过，也不能排除一些女孩子缺少自信，以男生对她的关注来满足虚荣心。"董深思熟虑地说。

这些女孩的声音都很细，像未经雕琢的玉，完全是少女的声音。她们的脸色都是白里透红，双眸坦然地望着你，像含了一汪水。当你朝她们看的时候，她们会热情地迎住你的目光，似乎在告诉你，没有什么可隐瞒的。午后的阳光穿过格子窗棂影影绰绰地洒在少女们的身上和旁边被调皮的学生刻了字的桌子上，从侧面可以隐隐看见她们脸颊上被太阳照成金色的绒毛，她们的眼睛就在这样的光影里灿烂着，从那里面望得见苏醒的心灵和遥远的梦想。我被这样的目光慢慢浸染。

在少女时代，我也有过这样灿烂的目光吗？

那时候，我们都以听话为美德，提倡内敛和自省；那时候，男生和女生也互相好奇，但大家对异性之间的友谊都讳莫如深。我们的心里也悄悄地骚动着，不知为什么还要用一些堂皇的理由来压抑那些骚动，说一些违心的虚伪的话。

高二那年，我们悄悄议论着班上的凌和凯。凯是学习委员，功课很出色，凌长着俏丽的脸蛋，性格温和，只是学习颇吃力。不知何时开始，关于他们的议论像长了翅膀一样在班上甚至年级里飞来飞去。先是有人看见下午放学后，凯从凌的家出来，手里捧着厚厚的练习册；后来是凌的语文课本里不经意地掉出了凯的照片；再就是他们双双出现在学校附近的公园里，还牵着手……

不知道这些是否都是真的，女生里面神秘兮兮地交流着关于他们的消息，这些交流大半是在课间或者放学后进行的。有一次，大家留下来排练节目，是跳集体舞。男生和女生是自由配对子的，不知是有意还是无意，到最后正巧剩下凌和凯两个人，排在我后面的谨拼命冲我挤眼睛，示意我朝他们看。

回头一看，凌和凯的脸都涨得通红，凌垂着头，含着胸，无精打采的样子。其实，何止我在朝他们看，我感觉到许多双眼睛都在意味深长地朝那个方向瞟。

目光也是有压力的，难怪他们浑身不自在。

排练结束后，凌一个人慢慢地走在我们前面，那时候，凌已经被孤立了，常常独来独往。不知怎的，与我并排走的谨突然冒出一句话来："还不是因为凯成绩好，想利用他！"我捅了捅谨，让她住口。可是凌显然还是听见了，她猛地加快了脚步，接着迅跑起来，一边跑一边擦眼睛。我说谨你过分了，谨一撇嘴，说，敢做敢当嘛。

多年以后，我回想起这件事，总是汗颜。那时候，对待凌和凯的事情，很多女生的心理是有些阴暗的，好奇是固然有的，还有一点说不出口的女孩之间的嫉妒。十六七岁的少女，心里开始有些什么东西朦胧地醒来了，却不敢承认还要压抑着，尽管有惶惑的期待和憧憬，表面上却做出截然相反的厌恶与嗤之以鼻。我们活得是多么的不真实啊！

想到这里，我忍不住问面前的这些少女："你们认为最重要的美德是什么呢？"

"真实。"董不假思索地说，想了想，又补充了一句，"活出自己的本色来，而不是人云亦云，为别人活。"旁边的女孩也颔首称是。

我有些吃惊。像她们那般大的时候，我何曾有过如此清醒的意识和自信的微笑。我从小便想做个听话的好孩子，不断地修正自己的言行以符合大人的评判标准。在许多人面前，我感到拘谨，觉得有无数双目光在挑剔我，我便在暗地里思忖自己的样子是否让他们顺眼。

我总是想做得最好，而那种"好"是别人眼里的"好"。

有一次，我参加全校的口头作文竞赛。那时，我是年级里的作文尖子，语文老师对我寄予了厚望。作文题是上场前五分钟临时抽的，题目并不难。可一进考场，望着底下密密麻麻的人头，尤其是前排评委老师期待的目光，我忽的慌了神，只开口说了一句，便满脑子空白地呆立在那儿。只看见我的语文老师在那儿焦急地望着我，用笔杆敲打着评分纸，观众的眼睛里写满了失望和意外。这些表情满满地占据了我的头脑，让我无地自容。我在一片难挨的令人窒息的寂静中逃下台来，并没有人取笑我，我却像蒙受了奇耻大辱。那种感觉持续了好多天，仿佛别人都在用异样的眼光看我，连走路都不自在。

如果把我的这些经历告诉面前的表情轻松的少女们，她们会不会觉得很奇怪呢？眼前不断闪过她们的微笑以及说话的姿态，还有她们站起身来细长而健康的侧影。据说，如今这个年龄的女孩长到一米六五以上只能算中等个，在我们那个时候，这么高的女孩一定是排在队尾的了。

那次愉快的谈话给了我深刻的印象，我忽然感到今天的少女和我的少女时代有着那么多的差别，尽管我们的年龄并不是相差很多。也许是这个时代给了她们尽情绽放青春的自由和勇气，而过去被视为美德的一些品质在今天正慢慢发生着评判标准上的变化，比如听话，比如过分的谦逊，比如自我实现，比如克制和内敛。在以后和少女的几次接触中，这种感觉渐渐地清晰起来，当我看见她们的时候，总是想起过去的自己，每每有重活一次的冲动。

这是一群来自职业学校的少女，她们被老师带来参加青少年发展中心的询谈，我恰巧在那儿，便和他们聊起来。老师是刚从师范大学毕业的大女孩，戴眼镜，和她们坐在一起，几乎看不出谁是老师谁是学生。和重点中学的孩子相比，她们身上似乎多了一点气质，我想了想，觉得那应该是一种安然和满足，因为没有繁重的学习压力，她们便少去了这个年龄的孩子最大的心理负担，于是有了更多的心力来实现属于她们的梦想。

正是夏天，她们都穿了薄薄的裙衫，露出细细的胳膊和健美的腿，一脸灿烂纯真的表情，说话又急又快。她们肩挨着肩坐在黑色的皮沙发上，你一言我一语地描述着自己的生活。

那个皮肤白净爱抿嘴笑的女孩是团支部书记，她刚刚有些腼腆地承认自己和班上唯一的男生很要好，其他的女孩转过脸望着她，微笑着，眼神很澄澈，没有属于成年人的那种猜度和阴暗。她们向我解释说，那个男生在班里很孤独，团支部书记是帮助他呢。

趁老师走开的时候，团支部书记舒展了一下身子，对我说："我们老师平时和我们一样，还像个孩子，大家都不怕她。"还特意加了一句："老师的爸爸是大学教授。"挺佩服的样子，那神态又像是在说自己的某个同学。

记得我小时候对老师总隔着一层距离，除了尊敬、崇拜，还有一点神秘感。对那些学识渊博为人师表的老师更是这样了。

初一的时候，我和我的好朋友铃儿都喜欢着我们的语文老师阳，那是一种很深很深的喜欢。阳正值中年，端庄而亲切，她只教了我们一学期，可是我和铃儿都牵挂着她，我们对阳的感情就像今天的少女对偶像一样热烈、执著，——那时候我们没有可以崇拜和迷恋的偶像。我们在休息日的午后，偷偷去公园冒着罚款的危险采来了带露的鲜花，悄悄地插到老师家的门把上；当阳在教工运动会上获得长跑冠军以后，我们又寄上一封匿名的祝贺信；许多个黄昏，我们徘徊在老师家附近鹅卵石铺成的甬道上，一次又一次地抬头，期盼着阳会突然出现在摆满鲜花的阳台上……那种快乐隐秘而且满足，我们在心里编织着遥远的灿烂星辰。

年轻的老师走了进来，少女们并未因老师的出现而显得拘谨，该笑的还是笑，该说的还是说着话。老师无声地在沙发边的椅子上落座，一脸好奇地瞧着她的学生。那个穿格子裙子的女孩提高嗓音宣布说她很快乐，习惯于一个人在家看书听音乐，从来不感到孤独，甚至有离开父母独居的冲动。旁的女孩没有表示同意也没有反驳，有一个皮肤黝黑看上去很温柔的女孩慢悠悠地说，并不是所有的孩子都像她们一样松弛，重点中学的学生有沉重的升学负担，而她们则不用过多地担心前途。

"你们以前也像我们这样吗？"团支部书记冷不丁地问我，她的鼻尖上沁着细细的汗珠，我发现她每每说话都是微笑着的，这是一种很好的表情。

我犹疑着，不知该如何回答。如果我简单地说"是"或者"不"，那都不是圆满的答案。任何时代的少女都似出水的芙蓉，只是有的沉重，有的轻盈，而今天的少女正在慢慢走向清澈和无忧。

也许我是否回答她们都不是很重要的了，见我迟疑，她们自然地转换了话题。眼前晃动着她们容光焕发的脸庞，耳边跳动着溪水般透明而晶亮的声音，这一切，让人想到春光乍泄，想到暴雨后横跨天边的虹，想到树林里晨雾中沾着露水的竹笛声……哦，不，都不是，少女，本就是一道风景，还有什么能与之相比的呢？

殷健灵，新民晚报主任编辑，上海作家协会主席团委员。

姊妹坡

陆 梅

姐要出书了，她的第一本书。完成她心愿的惟一一桩：请人给她的小书写篇序。她来问我：找谁合适？我想到了几个作家朋友。她思量半天，说："还是你来写吧！"我明白姐的意思。

在今天这么个出书若浮云的喧嚷时代，若非写字的人还存一份敬畏之心，一个无名小卒的无名文字，谁来在乎？

所以，与其说姐聪明地正视了自己的文字，不如讲，她也在替我完成一个心愿：借出书机会，第一次，以文字的形式，走一走姊妹坡。

姐比我大两岁，刚好踩进六十年代的尾巴，我则挤入七十年代的队伍。这一上一下便是两个年代。我们的童年、少年和花季岁月，她要比我心思重得多。也比我老练、稳重。她总是走在前面。远远地抛下我。我没心没肺地想要跟，却永远赶不上她的节拍。

这是我记忆里的我的童年和少年。不知道，别的姐姐妹妹（甚至还有哥哥弟弟的）是怎样一种关系？我和姐，常常是我"追"她、被甩了后又若即若离地恨着的状态。

姐有演说家的才能，身边总有一班孩子围着她，听命于她的指挥——呼啦啦地挎着篮子去挖野菜、往山坡上拔春天的茅针、偷了田里的蚕豆找僻静处"烤"了吃、盛夏午后悄悄溜去和隔壁家"小妹妹"约会……（——啊，我才是她的小妹妹！可她却装着视而不见！她呼啸着来去，和跟她一般大、甚至比我还小的邻家妹妹玩得火热！）

我很委屈。觉得太没面子。自己的亲姐姐，不跟自家妹妹玩，却和别人家孩子那么要好。于是，一遇挫折就哭。哭的时候总是爸爸"刚好"看到。于是我有了救星。心安理得地接受额外的"安慰"——有时是一个怀抱，有时是两颗花生糖、几块饼干、一小包话梅之类。我的一点小伎俩，姐看得一清二楚。可她不在乎。我因此更恨姐。也更渴望得到爸爸的宠爱。

姐好像也无所谓。我们的童年和少年，总是我的"宠爱"比她多一点。我会哭鼻子，她从来不哭，委屈了也不哭（甚或偷偷地哭过，而我不曾知？）；我习惯了撒娇，她从来就不屑，说话干脆利落，讨厌我的"奶声奶气"……

我觉得我跟姐无法交集。我们是两条战壕里的人。她在她的世界里厮杀着往前冲，从来不担心没有观众。我被排除在外，企图走近，却被抛得更远。

这样一种"被抵制"的心情，影响了我整个的少年时代。我开始和自己玩。再大些，我有了自己的伙伴，慢慢地断了走近姐的心思。

高中以后，我和姐不再在一所学校就读。这样更好，总之是说不到一块的。——兴许姐那时也这么想？我们越来越少交流。我依旧嘴馋撒娇哭鼻子。姐也还是少年老成。尽管很少交流，我却是隐约知道姐陷入了一场"恋爱"——不是她的"恋爱"，是她同桌被班上一个男生喜欢，这男生不好意思当着女孩面表白，就找来姐请她当"信使"。烦心的是，同桌好像不领情。姐有些困惑，不晓得天平该往哪边斜……

这些烦人的所谓"爱情"，在当时的我看来，遥远得不及一包话梅的冲击，自然对姐的困惑无话可说。

这么写的时候，连我自己都有了错觉——啊，我和姐的关系是这样的吗！？这样的两条不能交集的并行线？应该还是有一些温暖和爱意吧！那种姐姐妹妹的依赖，牵手，相互扶持着长大。

确实是有的。现在它们慢慢在我脑海里显影。一点一点，光与影，快乐和忧伤，欢喜与沉默。只是这般的默契，影子一样，消散在暗夜里。

我其实也在反省——在我离开家乡念大学，毕业后又在工作着的城市居住下来，我渐渐很少想起那片土地，那片说来熟稔其实陌生的故土。我难得回一趟家。回去也是匆匆。这个时候，我是家里的主角，而留在小镇工作的姐是一个倾听者。

好像，从那时开始，我们的状态反了过来，我是跑在前面的姐，而姐，就是当年那个幼稚的我。我忙碌在自己的世界里，越走越远。不是没有试图领着姐走进，可姐好像不以为然。我也乐得不管不顾，扔下牵挂，一个人跑前面去了。

我有没有想过，在我扔下牵挂，一个人跑前面去的时候，姐在干什么、想什么？老实说，我知之甚少。比之我的风平浪静，姐的生活要不容易得多。

我们都有过生活的艰难和不易。问题是你拿艰难怎样？姐的难得在于，她找到了寄托：写作。和很多对文字虔敬的业余作者一样，姐也热爱文学。

现在回想起来，我每次的回家，和姐谈得最多的，还是文学。总是这样开头：她拿了最新完成的作品（或诗歌，或散文，或报告文学，偶尔也有小说）要我看，期待着我的评价。我老老实实说出我的想法。每回的"评价"，不总是肯定。对我的"不同意见"，姐也有不接受的时候。

就在写这文章的前一个月。姐发来她为出版散文集而写的后记要我看。我看后觉得她写得太随意，就在电话里直说了我的感受。她好像不太接受，冷在那里。我继续哇啦哇啦大说一通。姐突然挂了电话。我也扔掉电话，生闷气。几分钟后，姐却发来了短信，说我提的意见是对的，她会注意，并也婉转说我的脾气太大，不要以为站得高了，就可以无视低下来的天空。手指按着键，我心一愣，听到了哗哗的雨声。

那个晚上我躺在床上，脑海里闪过日本电影《姊妹坡》里的一组镜头：四个性格迥异的姐妹，唱着歌缓缓上坡。不期然地跳出这么一个画面，那些伤害、争吵，又和好；那些远去的青春和成长路上的懵懂、爱恨、纯真……突然觉得心疼。

我想我多少有些理解姐了。慢慢地想和匆忙地走。活在静止的世界里和行色匆匆地赶路。熟的果子和生的果子。漫长的感情和急促的感情。……哪一样，更令人迷惑呢？其实人活着，就是因为有各种各样的偏离。姐写下的那些字，是她试图抵达各种"偏离"的痕迹。不必太多观众，只要继续着在路上的旅程。

陆梅，文学报主编，儿童文学作家。

上海物语

张　烨

外滩建筑

我以为外滩建筑是最能体现上海文化意味的了。一走进那些欧洲古典式建筑群便如同穿巡在西方古典音乐的旋律之中。浦江海关钟楼大门前那四根古希腊多立克式的廊柱总使我联想起巨树的生命力。而希腊神殿建筑就是源自埃及圆柱形的棕榈树。最喜爱北京东路外滩转角处那幢五层楼钢筋混凝土结构建筑，那简直是天才的创造，墙面上凿出一行行长方形石块，粗重、厚实，给人一种力的美感。多么独特的艺术风格！真有趣。

外滩建筑显示着过去那个时代的文化追求、美学想象与精神气质。

苏州河

小时候常爱独立苏州河畔观望——自从疼爱我的邻居桂儿姐嫁给一个船民以后，总觉得漂亮的桂儿姐像被苏州河娶走了似的。苏州河在我眼中是一个充满青春活力肤色黝黑有着兴奋声音的小伙子。我祈愿苏州河富丽繁荣……

如今苏州河却是一个负荷过重步履蹒跚的老黑奴。那高高的垃圾山，那源源不断涌向河里的污物废水，和我心中美好的理想撞击成怎样看不见的内伤……

水，生命的源泉，在大变迁、大改革的当代，它该结束苦难历程了，只要每个上海人在苏州河里撒下绿色的信仰。

以上是我在上世纪九十年代写下的文字。到 2015 年的今天，苏州河已经变美变清澈了，轻轻流淌在绿树的怀抱之中。苏州河，你的梦想成真，你也成了上海的骄傲。

十三朵玫瑰

"从巨创的伤口绽开爱的玫瑰。"这是我为上海地铁所写的诗篇中的一行诗。在我看来，整个上海的建筑再也没有比地铁更伟大更能震撼我心灵的了。曾有外国专家在勘察上海时下过这样的结论："在地质疏松的上海造地铁，好比在豆腐里打洞，不可能！"然而咱上海人民天生就具有创造现代神话的勇气，有多少可歌可泣的故事融入热烫的地铁梦、地铁情。一号线十三个地铁车站就像新绽的十三朵玫瑰，默默地向来来往往的人们传送抚慰的芳香。

十三朵玫瑰汇成一曲新兴城市的交响。我愿人人的心灵都珍藏着阳光和清泉，当我们经过地铁车站，就像以美好的奉献回赠敬爱的玫瑰。

这是我在上海地铁一号线通车，应地铁公司之邀所写的拙文（另外还写了一首诗有幸被挂在衡山路地铁站），时间是 1994 年 12 月 12 日。至今已过去二十年了！如今上海的地铁像蛛网一样织向四面八方，大约已有了 15 条线路，几乎就要打通地下的上海城，有多少个站？已数不过来啰……

如果我要将亲手栽种的玫瑰分赠每一个地铁站，恐怕得拥有一个玫瑰园才行——这又得做梦了——我呆呆地看着家中小小的阳台，好久、好久，直到把它看成大大的玫瑰园。

夜上海　玻璃城

夜上海现代建筑的晶莹神奇和灯火的魔幻流丽是无法用文字来描绘的。近几年上海正在急速地塑造自己的形象。走入街景就像进入银幕的辉煌，进入一座海上的玻璃城。从上看到下光华往下落，从下看到上璀璨往上涌……

而此刻，江海关的钟声多么欣悦又感激地在新建的南浦、杨浦、徐浦三座世界级大桥上流淌；音乐喷泉《平安夜》的旋律抚慰着熙来攘往的人群，一切浮躁喧嘈都被旋律的圣水过滤净化。

虚伪、丑恶、贪污、腐败、堕落，该不会是城市本身吧？而是某些终将被光明惩除的民族败类。

玻璃城像一只炫目的巨轮在海上航着……

城市情绪

现代城市，幻影似的建筑群触须般外向扩展巨网般内敛收拢，拥挤不堪的人们在高楼的浪谷间游鱼般来回穿梭，感到逼仄和压抑。太多的时装太多的化妆品太多的灯光太多的音响太多的豪华装潢令人眼花缭乱应接不暇；时髦女郎精心包装自己从头顶至脚踵连一根睫毛都不放过。瞧着真累。

哦，生命里无边的城市繁复城市喧嚣！无处可逃——每年的除夕、接财神，那疯狂的令人恐惧的爆竹烟花；街头推销商品和福利彩票、广场舞震耳的高音喇叭。

城市的快节奏生活，快得让我产生一种异化的错觉。面对精密度高科技我常常感到自己的愚钝和落伍，生命个体的虚弱与迷惘。不要那么快！不要那么赶！我的城市，慢慢来，请等等我们疲惫的身体、等等我们需要诗意栖息的灵魂吧。

于是对那些热爱城市闹趣的人们我由衷地钦佩。捷克大诗人塞弗尔特说过，就是撒手人寰，他也想亲吻布拉格城市的一草一木，街上的每一块石头。我是多么羡慕这种情怀呵。

张烨，上海大学教授，上海作协诗歌专业委员会主任。

雁落平沙有清音

沈嘉禄

难以数计的中国古老乐器都烟消云散了，比如篪、尺八、箜篌、胡笳等，今天我们只能在《辞海》或专业而冷僻的音乐典籍中看到它们枯枝败叶的形象。但外形极简约的古琴传了下来，这主要得益于高山流水的知识分子。中国文人一直将古琴视作自己的生命伴侣，倾听与诉说两种功能结合得最完善的，当属古琴。琴、棋、书、画是文人的必具修养，抚琴、挂画、品茶、闻香又是文人的四大雅趣。这里的琴，古称瑶琴、七弦琴，到了二十世纪初才被称作古琴。

抱琴看鹤去，枕石待云归——文人墨客对这个意境神往不已。

"现在哪里去找这个环境？外面的世界太嘈杂了，嘈杂得快放不下一张古琴了。"初夏的一个下午，在上海音乐学院教学楼里，上海音乐学院民族音乐系副教授，硕士生导师，古琴演奏家戴晓莲边给我泡茶，边跟我闲聊。刚给三个学生授完课，现在是她的休息时间。一本翻旧了的琴谱铺开在我的面前：《平沙落雁》。每个音符都像汉字，但又不是汉字。

戴晓莲学琴还是从上世纪七十年代开始的，那时政治环境有所松动，她的叔外公从牛棚里回来，看到她第一句话就是：孩子长这么高了，应该让她学点东西了。戴晓莲的叔外公就是在古琴界赫赫有名的张子谦先生，广陵派古琴家、古琴教育家，曾以一曲《龙翔操》而驰名琴坛，被誉为"张龙翔"。

戴晓莲此时还在读小学二年级，顽皮得像个男孩，对古琴一窍不通。但家里的气氛很好，前来向张子谦先生讨教古琴的人很多，戴晓莲慢慢就喜欢上了古琴。每天下午放学后，也没有什么作业，她就跟叔外公学琴，弹得好，可以得到小小的奖赏：几粒油氽花生米。到了十三四岁，她就能弹叔外公的老三曲——《龙翔操》《平沙落雁》《梅花三弄》。

"文革"终于收场，张子谦成了出土文物，来拜访、看他弹琴的人越来越多，戴晓莲由此见到许多古琴界人士。也因此，她真切地感受到古琴家之间的情谊与人品，真如古诗所形容的那样，绝对是高山流水，以心相托，或者清风明月。

中学毕业后，戴晓莲考进了上海音乐学院民乐系，这一年民乐系只有七个学生，而古琴专业只有她一个人，第一个老师就是张子谦先生。这个情况很滑稽是不是？教是一样教，区别仅在于从家门转入校门，张与戴确定了官方的师生关系，上音则有了一个古琴专业。主要原因是上音没有专门的古琴老师，张子谦是外聘的，后来教戴晓莲的老师如姚丙炎、龚一，也是外聘的。

孤独，并忘情地弹着古老的琴，这情景倒有点像坐在小溪边弹琴的俞伯牙。果然，1985年毕业时戴晓莲发现自己成了多余的人，当时大学还是包分配的，但整个上海没有一家单位愿意聘用她。其时，在《乡恋》突围之后，邓丽君的情歌在严打之后还是像"一枝黄花"那样疯狂遍及神州大地，紧接而至的是台湾校园歌曲，再后来，轻音乐和电子音乐携手而至，占领大小音乐会的舞台。

最后还是上海音乐学院收留了戴晓莲，但那时没人学古琴，也不设这个课程，她就在图书馆资料室给唱片编目录。这一干就是七年，弹琴，只能是回家后的自娱或研究。直到九十年代初，上音民乐系给戴晓莲安排了古琴必修、选修课程，此外，她有时还教教外国留学生，但身份一直是模糊的。

就这样，身在体制内，艺在专业外，这漫长的十五年成了戴晓莲艺术教育的空白期，直到2001年，上海音乐学院的古琴专业突然"活过来"了。戴晓莲成了名正言顺的古琴教师，也招收了她的第一名古琴学生。上海音乐学院成立后，第一个古琴专职老师是于1956年赴任的刘景韶，四十多年后，戴晓莲成了上音的第二个古琴专职教师。

这些年来，随着中国文化影响力的增强，学古琴的人也越来越多，戴晓莲带的本科生和研究生也逐年增加，如果加上副修生和必修生，手指头也扳不过来了。中国音乐类学院设古琴专业的并不多，古琴教学也没有现成的教材，形式就是一对一，像私塾一样，所以戴晓莲给学生上课时可以泡一壶茶，备四五只茶盅。

戴晓莲带出来的学生在全国古琴比赛中屡屡获奖，金奖、银奖、铜奖频频收入囊中。

舒曼曾经这样揭示音乐的不确定性："在各项艺术中，没有任何一项会比音乐更难得找出它的理论基础。科学靠它的数学与逻辑推论；诗歌有它明确的黄金字句；其他艺术则有自然作为它们的仲裁者；只有音乐是可怜的孤儿，没有人能说出它的父母是谁。但是，也许正因为它来历的神秘性，才成为音乐之所以引人入胜的微妙。"

古琴在中国响了数千年，诗意的表达，已经使它超越音乐本身而成为一种哲学思想和生命形态。古琴最能解释舒曼的这个观点了。

戴晓莲在教学之外，一直为古琴"活在当下，秀在精彩"努力着，她多次应邀赴荷兰、比利时、德国、法国、瑞士、英国、澳大利亚等国参加艺术节和举办个人古琴独奏音乐会，还在香港、台湾举办讲座和音乐会。中国香港和法国等国际唱片公司出版过她的多张古琴独奏专辑。2010年，戴晓莲策划、组织了"渔樵问答"音乐会和"古琴名家音乐会"。2010年9月她策划举办了国内首个个人演奏会"海上雅乐·广陵今在"。2011年，她还推出了一台以古琴为引子的琴歌雅集音乐会，她亲自演奏古琴，毛宇龙演奏埙，高珊演奏箫，特邀嘉宾是昆曲名角张军和民歌演唱家刘芳瑛，这次演出拓展了古琴的表现空间。2013年，戴晓莲在东方艺术中心推出了一台琴歌雅集音乐会《毕竟是唐宋》，同样获得了成功。

后来戴晓莲又举办了一个规模更大的《丝竹更相和》古琴重奏原创作品音乐会，古琴与西洋乐器穿越时空进行混搭，也赢得了热烈掌声。

为古琴界公认的"上海美女"王珑毕业于中央音乐学院，主修扬琴，副修古琴，师从中国著名古琴演奏家李祥霆。1997年毕业后直至2004年，她在上海民族乐团担任演奏员，同时向古琴师龚一习琴。2004年起，她专职从事雅乐传播及艺术策划工作，并于2008年创立了"海上雅乐"品牌，以亚洲顶尖演出场地上海东方艺术中心为核心场所，全心推广雅乐等非物质文化遗产的传播。作为"海上雅乐"艺术总监的王珑，已经策划并主导演出"海上雅乐"音乐会接近一百场，在民族音乐的奇妙呈现中，古琴就是灵魂。

"海上雅乐"不同于吃皇粮的文艺团体，它的主要载体就是同名女子雅乐室内乐乐团：由扬琴、琵琶、二胡、笛箫、古筝、古琴等乐手组成。这批团员与"海上雅乐"签约，"海上雅乐"根据实际需要，在曲目邀约、编配，服装制作、媒体推广、市场开拓等方面投入成本。

这样以民乐为演出形式的团体如何生存呢？据王珑介绍：收入来源主要为三块：企业赞助、雅乐演出、其他商业演出。每场演出的成本大概在三五万元。

现在，王珑也可以申请上海文化发展基金了。

有一次王珑在演出时悄悄走进观众席，结果听到有人议论：王珑做这个是在玩票，撑不了多久的。这话让她一惊，但也更加坚定了她走下去的决心。她跟我说："我不是玩票的，我是倾注真情来做这个事业，我爱中国传统音乐，爱古琴。"

"观众到底是来欣赏，还是看新鲜的？"我问。

"进场看过古琴演出的观众都会由衷感慨：以前真的不知道中国传统音乐特别是古琴这么优美。我国长期以来美育教育的缺失，造成了大批观众既无机会，也无兴趣去看一场和中国文化休戚相关的雅乐演出。在西方论的强势进入下，青年一代对民族音乐有一种自卑感。近年来，中国传统文化在国学热的带动下有所复苏，古琴也进入了人们的视野。'海上雅乐'做的多场古琴专场均取得了不俗的反响，有一年我们推出李祥霆大师专场，三百元一张的门票被黄牛炒到一千元。最后，我们不得不向东艺紧急申请增加了十个座位，但仍有很多爱好者不得其门而入。"

王珑强调：观众喜欢看高水准的、制作精良的演出。不少观众很内行，他们有国学根底，容易进入"高山流水"的境界。

古琴在海外也有不少知音，虽然专业人士可以说他们还不那么"知"，但毕竟他们怀着浓厚的兴趣围聚到"俞伯牙"面前。

美国伯克利大学音乐系特聘古琴与古筝教师、北美琴社社长王菲女士跟我在网上聊天时介绍说，美国加州 Milpitas 市从 2007 年起将每年的 11 月 7 日设定为该市的"古琴日"，以此鼓励旅美华人社团和北美琴社多年来为传播中国传统文化所作的贡献。这是世界上迄今第一个专门为中国古琴打造的节日。

王菲自小与她的两个姐姐一起学琴，后来在美国教授古琴，并于 1997 年成立北美琴社。她们在北美被誉为"中国的勃朗特三姐妹"，知名度很高。

2002 年三姐妹与人民网合作，搞了第一个网上古琴音乐会的直播。这次直播还为中国古琴申遗增加了海外人气。后来她们还和 CNN 一起拍过专题片。2005 年世界财富论坛在中国召开的时候，她们又搞了一个"千年古琴、百年普洱"的活动，向世界 500 强企业宣传古琴。三姐妹的能量着实不小。

据王菲介绍，古琴组织在美国和加拿大等国还是很多的，北美琴社每个月在旧金山湾区都有雅集，弹琴、吟诗，努力复原古人的生活场景。王菲说："我们策划的古琴会常常有一个主题，比如说花的主题、春天的主题，还比如古琴与唐诗、古琴与太极，有蔡文姬的专题、李清照的专题等等。"

北美琴社在十多年里像滚雪球一样扩大队伍，目前大概有会员两千多人，年龄最大的为八十岁，散布在世界不同的二十多个国家。

在中华民族伟大复兴的热切呼唤中，古琴无疑是一种既可沉吟又能激荡的心声。古琴之于中国文化的代表性，越来越为文化界人士认同，并得到国际社会的看好。1977 年，美国宇航局向太空发射了一颗人造卫星，向外太空可能存在的生命体介绍地球的概况，所用方式包括语言和文字，其中代表中国音乐的就是古琴曲《流水》。

戴晓莲对古琴的明天还是充满了希望："古琴很古，有将近三千年的历史了，它经过历朝历代的磨难与颠簸而没有消亡，一定是有道理的，有顽强生命力的。在中华民族伟大复兴的呼声中，我相信它会争取到更大的空间，担当更大的使命。另一方面，在人心浮躁的当下，人们需要回归内心，无论静思、沉吟，还是养性、修身，古琴都是最好的对象与形式。我们要让古琴焕发出新的生命，与当代人的内心世界沟通，与世界音乐爱好者沟通，使之成为中国文化的美丽信使。"

沈嘉禄，上海报业集团《新民周刊》主笔、高级记者，中国作家协会会员，上海作家协会理事，小说创作委员会主任。出版长篇小说、中短篇小说集、随文集三十余种。

图书在版编目(CIP)数据

上海女声/上海市妇女联合会编.—上海:上海
书店出版社,2015.8
　ISBN 978 - 7 - 5458 - 1110 - 0

　Ⅰ.①上…　Ⅱ.①上…　Ⅲ.①散文集—中国—当代
Ⅳ.①I267

　中国版本图书馆 CIP 数据核字(2015)第 162346 号

上海女声

编　　　者	上海市妇女联合会
封面绘图	郭润林
封面书法	顾　琴
责任编辑	杨柏伟　邢　侠　刁雅琳
特约编辑	王慧兰　孙　钰
装帧设计	汪　昊
技术编辑	吴　放
出　　　版	上海世纪出版股份有限公司上海书店出版社
发　　　行	上海世纪出版股份有限公司发行中心
地　　　址	200001　上海福建中路 193 号
	www.ewen.co
印　　　刷	上海展强印刷有限公司
开　　　本	710×1000　1/16
印　　　张	12.75
版　　　次	2015 年 8 月第一版
印　　　次	2015 年 8 月第一次印刷
书　　　号	ISBN 978 - 7 - 5458 - 1110 - 0/I · 318
定　　　价	35.00 元